어떻게

부자가

될 것인가

어떻게
부자가
될 것인가

우성민 지음

SNOWFOX

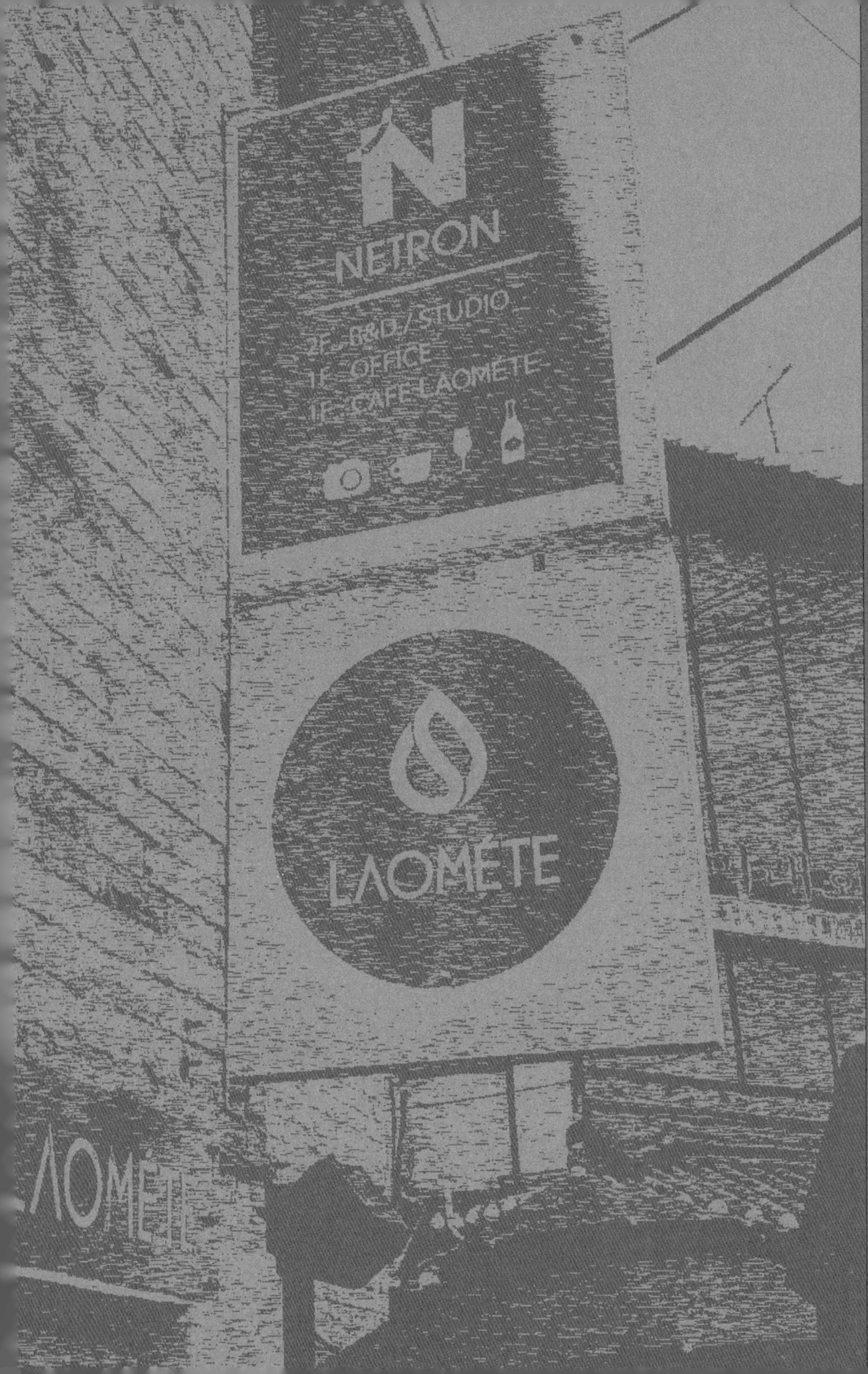
NETRON
2F B&D / STUDIO
1F OFFICE
1F CAFE LAOMÉTE
LAOMÉTE

어느 흙수저 사업가의 이야기 :
운수 좋은 하루

 평소와 다름없는 하루였다. 출근 준비를 하다가 바지에 손을 넣었는데 종이 뭉치가 하나 손에 잡혔다. 꺼내 보니 꼬깃꼬깃 접혀 있는 만 원짜리 지폐 한 장이었다. 저도 모르게 웃음이 나왔다. 버스비하고 남은 돈으로 점심까지 사 먹을 수 있으니, 오늘 참 운수가 좋다고 생각했다. 낡은 구두에 발을 집어넣고, 기분 좋게 집을 나서려는데 아내의 기운 없는 목소리가 턱하니 나를 불러 세웠다.

"여보."

아내를 돌아보았지만 쉽게 말을 잇지 못했다.

"여보 무슨 일 있어? 얘기해 봐."

이윽고 아내가 어렵게 말문을 열었다.

"오늘 큰 애가 견학을 가서 간식을 사 주려는데. 혹시 몇 천 원만 줄 수 있어요?"

속으로 '아차!' 싶었다. 며칠 전부터 아내가 귀띔을 해 주었는데 깜빡하고만 것이다. 큰아이가 다니는 어린이집은 벌써 몇 개월째 원비가 밀려 있는 상황이었다. 그래도 아이 견학에 간식을 빠뜨릴 수는 없었다.

"그럼, 있고말고! 만 원이면 되나?"

허세를 가득 담아 목소리를 높이며 주머니에서 만 원짜리 한 장을 꺼내 아내에게 건넸다. 근심이 해결된 아내는 그제야 얼굴이 조금 밝아졌다. 아내는 여느 때처럼 내게 키스해 주고 손을 흔들며 배웅을 해 주었다.

아내의 배웅을 뒤로하고 사무실로 발걸음을 바쁘게 재촉했다. 사무실은 180cm의 긴 다리와 빠른 걸음으로도 1시간은 족히 걸리는 거리였기 때문이었다. 30여 분쯤 걸었을까. 손에 우산을 든 사람들이 눈에 들어왔다. 흐르는 눈물을 감추기에 바빴던 나는 비가 내리고 있다는 사실조차 느끼지 못하고 있었다. 나는 비를 피하고 싶지도, 발걸음을 재촉하고 싶지도 않았다. 사람들의 시선이 우산으로 가려졌기 때문에 오히려 내리는 비가 고맙게 느껴졌다.

결국 출근 시간보다 30분 늦게 회사에 도착했다. 젖은 어깨를 털며 사무실 안으로 들어섰다. 그래도 내가 가장 출근이 빨랐다. 왜냐하면 보름 전부터 출근하는 직원이 아무도 없기 때문이었다. 아내는 이 사실을 아직 모르고 있었다.

요즘 들어 하루가 길게 느껴졌다. 점심시간만 되면 더욱더 그랬다. 창문을 아무리 굳게 닫아도 건물 아래층에서는 온갖 음식 냄새가 올라왔다. 고통스러운 점심시간이 지났을 무렵, 손님이 찾아왔다. 며칠 전부터 다니기 시작한 교회의 목사님과 부목사님께서 갑작스레 사무실에 찾아오신 것이었다. 자리를 봐 드리고, 생수 통을 기울여 두 개의 컵에 물을 겨우 채워 드렸다. 잠깐의 기도를 끝낸 목사님은 형제님의 마음을 잘 안다고 말씀하시며 돈 봉투를 건네주셨다. 나는 목사님의 손을 만류하지 못했다.

"감사합니다."

눈물이 섞인 그 짧은 대답과 함께 돈 봉투를 받아 들었다. 봉투 안에 든 30만 원은 내게 300만 원으로, 아니 천금같이 느껴졌다.

그날 저녁 나는 모처럼 일찍 퇴근을 했다. 나의 사랑하는 아내와 두 아이 그리고 뱃속에 있는 셋째 아이가 기다리는 처형 집으로.

세 번째 사업 실패를 바로 눈앞에 두고 있던 나는 처형 집에서 얹혀 살고 있었다. 몇 개월째 새벽에 들어오던 남편이 일찍 퇴근을 해서인지 아내가 걱정스런 표정으로 물었다.

"무슨 일 있어요?"

나는 아무 말 없이 웃으며, 아내에게 돈 봉투를 건넸다. 아내가 아주 오랜만에 활짝 웃었다. 오늘은 참 재수가 좋은 날이다.

* * *

그렇다, 사업에 실패한 대표의 하루는 당신이 생각하는 것보다 훨씬 더 가혹하다. 하지만 미디어는 성공한 사람들의 빛나는 순간을 비출 뿐이다. 때문에 대다수의 사람들은 성공의 반대편에 있는 이런 냉혹한 현실을 미처 알지 못하는 경우가 많다.

세상에 망하고 싶은 사업가가 어디 있단 말인가? 그러나 지금 이 순간에도 많은 이들이 뼈아픈 실패를 경험하고 있다. 어쩌면 유한한 경제 구조 안에서 사업을 하다 실패하는 것은 군이 통계를 보지 않아도 알 수 있는 지극히 당연하고 자연스러운 결과일 것이다. 나 역시 돈 없고 빽 없는 흙수저 대표로서 가혹한 경영 환경을 경험했다. 나는 2005년까지 세 번의 사업에 실패했고, 먹고살기 위해 이후 7년간 직장 생활을 했다.

그렇다면 3번의 실패를 경험한 나는 실패자인가? 난 아니라고 결론지었다. 경영에 관한 개념과 방법을 몰랐을 뿐이었다. 성공하는 대표와 실패하는 대표 사이에는 명확한 차이가 존재한다. 나는 몇 번의 실패를 거듭하며 그 차이를 깨닫게 되었다.

난 왜 망했을까?
다른 대표들은 왜 망하는 것일까?

나는 스스로에게 질문했다. 그리고 정성껏 그 물음에 답을 적어 나가기 시작했다. 그렇게 답을 찾은 나는 2013년, 네 번째 사업에 도전했다. 카드론을 받아 설립한 천만 원짜리 법인은 온라인 판매를 주업으로 다른 기업의 제품을 마케팅하고 온라인에 판매하며 5년 만에 연간 매출액 120억 원을 돌파했다.

현재는 3개의 계열사로 확장되어 그룹사로 변모하고 있으며 독자적인 화장품, 가구, 카페 브랜드를 구축하였다. 사업하면 망하기만 했던 과거의 나와는 180도 다른 내가 된 것이다.

　나는 '흙수저'로 태어나 마주한 척박한 환경 속에서 도전을 멈추지 않았으며 끝끝내 어둠(黑)을 뚫고 나와 금수저들과 견줄 정도의 성공을 이루었다. 그래서 나는 몇 번이고 넘어져도 다시 일어날 수 있는 힘을 지닌 이 경영비법을 '흑(黑)수저* 경영학'이라 정의했다.

　부디 나의 경험이 사업을 준비하거나 실패했거나 혹은 간절히 성공을 바라는 독자에게 닿아 도움이 되길 소망한다. 과거의 내가 그러했듯 이 책을 읽고 있는 당신도 온 마음과 정성을 다하면 반드시 성공할 수 있다.

*흑(黑)수저 : '흙수저'로 태어나 어둠(黑)을 뚫고 스스로의 노력으로 금수저들과 견주어 나가는 사람들을 뜻하는 의미로 저자가 만든 신조어이다.

1장

돈이 되는 '사업'이 아닌, 돈이 되는 '방법'을 찾아라

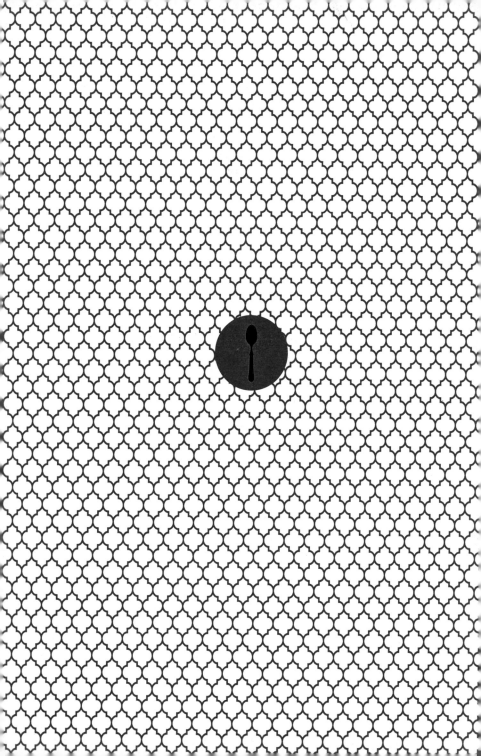

1

자비 없는 창업 실전

전역을 한 달 앞둔 2001년 5월, 동기의 손에 이끌려 처음으로 PC방에 간 나는 문화 충격에 빠졌다. PC 보급률이 높지 않았던 당시, 나는 그렇게 많은 사람들이 PC를 통해 동영상을 보거나 게임을 하는 모습을 처음 보았기 때문이었다. 그뿐만 아니라 그들이 동호회 성격의 '온라인 커뮤니티(카페)'에 가입되어 있다는 사실에 더욱 놀라움을 느낄 수밖에 없었다. 당시 특전사 중대장이었으며 컴맹이었던 나는 다음 날 곧바로 노트북 한 대를 샀다.

컴퓨터 속 세상을 모르면 사회에 적응할 수 없을 것이라는 불안감이 들었던 까닭이었다. 그리고 인터넷과 컴퓨터 운영체계, 엑셀, 한글, 파워 포인트, 플래시 애니메이션, 동영상 편집에 이르기까지 컴퓨터와 관련된 책을 구매해 책을 보고 따라 하기 시작했다. 10권 정도의 컴퓨터 서적을 두 번 이상 따라하다 보니 전역을 앞둔 한 달의 시간이 금방 지나갔다. 나는 '인천국제공항'이 개항하고 인기 아이돌 그룹 'H.O.T'가 해체를 선언한 2001년, 6월에 전역해 사회로 돌아왔다.

필연이었을까? 첫 직장에서 홈페이지와 소프트웨어를 기획하는 일을 맡게 되었다. 하지만 입사한 지 1년여 만에 회사를 그만둘 수밖에 없었다. 자금 사정이 좋지 않았던 회사가 갑작스럽게 폐업을 하게 되어 몇 달치 급여를 받지 못한 채 직장을 잃게 된 것이다. 이 경험을 통해 나는 다음과 같은 의문을 갖게 되었다.

"대표들은 왜 사업을 잘 하지 못하는 걸까?"

나는 이런 의문을 품은 채 첫 사업을 시작했다. 당시 내 나이는 서른이었고, 성공에 대한 자신감에 가득 차 있었다. 첫 번째 사업의 아이템은 아파트 광고였다. 아파트 복도에 지저분하게 붙어 있는 광고들을 한 곳에 깨끗하게 모아서 게재하게 하는 광고판을 제작해 광고주를 모집한다는 전략이었다.

아파트 입장에서는 복도가 깨끗해져서 좋고 광고주 입장에서는 집중도 있게 광고를 할 수 있어 좋아할 것이라는 판단에서였다. 많은 사람들이 좋은 사업 아이템이라고 용기를 북돋아 주었다. 함께 사업을 할 동업자도 생겼고 직원도 한 명 두었다. 그렇게 광고판에 대한 실용신안을 출원하고 영업을 시작했다.

하지만 기대와 달리 현실은 냉혹했다.

"소장님, 이 광고판 좀 봐주시겠어요. 아파트 복도가 깨끗해지고 입주민들이 좋아하실 거예요."

"이분이 세상물정 모르시네. 아파트 광고업체는 이미 정해져 있어요. 바꾸기 어려워요."

여러 차례 문전박대를 당하며 알게 된 사실은 광고업체를 정하는 곳은 따로 있다는 것이었다. 아무리 영업을 해도 소용이 없었다. 아파트 내 광고 권한은 부녀회에게 있었고, 부녀회는 이미 다른 아파트 광고업체와 오랫동안 거래를 이어 오고 있었다. 이 업체는 부녀회 회식이나 여행까지 책임져 주는 등 물적 투자를 하고 있었고, 신생 기업의 대표인 나는 중견 광고업체의 영업 능력에 감히 대항할 수 없었다.

결국 몇 달 만에 제대로 된 영업도 해 보지 못한 채 제작해 놓은 광고판을 파기할 수밖에 없었다. 내 첫 번째 사업은 그렇게 수천만 원을 날리며 허무하게 끝나 버렸다. 훗날 생각해보면 내 실패 이유는 시장 상황에 대한 파악 부족이었다. 아이템이 아무리 좋아도 시장 상황과 맞지 않으면 성공하기 어렵다는 사실을 당시엔 몰랐던 것이다. 좋은 아이디어 뒤엔 반드시 철저한 시장조사와 경쟁사 분석이 뒤따라야 한다. 아이디어 하나만 믿고 있다가는 망하기 십상이다.

두 번째 사업은 차량 번호 또는 전화번호 등과 다양한 기호들을 결합한 액세서리를 만들어 판매하는 일이었다. 학교와 학원 등을 대상으로 하는 판촉물로 사업 초반 분위기가 좋았다. 판매가 잘 되는 달에는 월 200~250만 원 이상의 이익이 창출되었다. 하지만 만족스러운 상황은 아니었다. 직원 한 명의 인건비와 운영 경비를 빼고 첫 번째 사업부터 함께해 온 동업자와 수익을 나누고 나면 당장 생활비 걱정을 할 수밖에 없었다. 팬시 전문점과 노점상에 제품을 공급하고 대학가에서 직접 판매를 시도하며 매출을 늘리기 위해 온갖 노력을 다해 보았지만 만족스러운 수익 배분을 이룰 수 없었다. 나아질 기미가 보이지 않자 동업자와 나는 서로 그만두고 싶어 했다. 결국 두 번째 사업도 실패로 끝났다. 군 퇴직금도 두 번의 사업 만에 순식간에 사라졌다. 자금이 고갈되어 더 이상 할 수 있는 것이 없었다.

하지만 포기하지 않고 돈 없이 할 수 있는 세 번째 사업 아이템을 찾아 인터넷 세상을 들여다보기 시작했다. 온라인 커뮤니티들이 활발하게 움직이고 있었다. 문득 군대 전역 전에 들렀던 PC방 풍경을 떠올렸다. 작은 화면 속 동영상과 게임에 푹 빠져 시간 가는 줄 몰랐던 사람들의 모습 말이다. 나는 지체하지 않고 당시 가장 인기 있었던 다음 카페를 이용해 웹 게임 커뮤니티를 만들었다. 웹 게임이란 컴퓨터에서 프로그램을 설치하지 않고 간단하게 즐길 수 있는 게임으로 당시엔 '플래시 게임', '중독성 게임'이라는 이름으로 유행했다.

이미 게임 커뮤니티와 사이트들이 많이 있었지만, 나는 특화된 서비스를 만들어 냈다. 이 게임들 다수가 해외에서 건너온 게임이라는 것에 착안하여 게임의 스토리, 등장인물, 게임 조작법을 번역해서 제공했다. 말이 쉽지, 영어, 일본어, 중국어로 개발된 게임을 번역해 주는 일은 시간이 오래 걸리는 매우 고된 일이었다. 구글 번역기와 지인들의 도움을 받아 가며 번역 서비스를 제공했다. 또한 게임 속의 모든 장면들을 캡처하여 게임의 클리어를 돕는 게임 공략 서비스를 함께 진행했다. 결국 2개월 만에 게임 공략 분야에서 1위를 달성하게 되었다. 시장의 긍정적인 반응을 보며 나는 게임 커뮤니티의 성공을 확신했고, 수익 창출을 위해서 '겜피온'이라는 이름의 독립적인 커뮤니티 사이트를 개발해 서비스를 시작했다.

고객이 많다고 모두가 돈을 버는 건 아니다

하지만 문제는 이다음부터였다. 포털 사이트 내 카페는 검색을 통해 자연스럽게 방문자가 생기지만, 독립적인 사이트는 광고나 홍보 외에는 커뮤니티의 존재를 알릴 방법이 없어 막막했다.

'어떻게 사람들을 모을 것인가?'

나는 홍보 방법을 찾기 시작했다. 그리고 유명한 커뮤니티 카페와 포털 사이트 게시판과 지식 검색을 이용한 홍보 방법을 만들었다. 지금의 논점에서 벗어나니 자세히 기술하지는 않겠지만 지금도 포털에 '겜 피온 공략'을 검색하면 내가 답변한 글의 조회 수가 2만이 넘는 글을 다수 발견할 수 있다. 여기에 있는 답변 글들을 통해 나의 홍보 방법을 확인할 수 있을 것이다.

내가 선택한 홍보 방법은 효과가 뛰어났고 덕분에 1일 최대 방문자가 10만 명에 달했다. 어떤 모임에 가든 내가 운영하는 커뮤니티 사이트의 회원이 항상 있을 정도였다. 하지만 나는 독립적인 사이트 운영에 따르는 단점에 대해 전혀 알지 못했고, 운영을 하면서 점차 문제가 드러나기 시작했다. 카페를 이용한 커뮤니티를 운영할 때에는 전혀 고민하지 않아도 되었던 웹 호스팅 비용이 들었고, 동시 접속자가 늘어날수록 서버를 추가로 구매해야 하는 문제도 있었다.

결국 방문자가 많아져도 월 수익은 100만 원을 넘기지 못했다. 광고주들이 늘어났지만 규모를 늘려 제대로 운영을 하기 위해서는 새로운 광고 시스템 구축이 필요했다. 하지만 자금 사정이 좋지 않았던 당시에는 엄두도 내지 못할 일이었다. 무엇보다 가장 큰 문제는 방문자들이 많아질수록 응대 시간이 길어진다는 것이었다. 방문자들의 질문에 답을 달아 주고 해결해 주느라 수면 부족에 시달릴 수밖에 없었다. 사는 게 사는 것 같지 않던 시기다. 하지만 나는 한 아이의 아빠였기 때문에 버텨야 했다. 그렇게 나는 별다른 수익 없이 3년간 사업을 계속 이끌어 갔다. 조금만 더 하면 누군가 수익을 창출할 어떤 제안을 해 오거나, 어떤 다른 방법이 생길 것만 같았다.

그러던 어느 날 뜻밖에 전화 한 통을 받았다.

"안녕하세요. 한국인터넷진흥원인데요. 선생님 사이트를 통해서 바이러스가 유포되고 있습니다. OO일까지 조치를 취하지 않으시면 접속 차단을 할 수 밖에 없습니다."

날벼락 같은 소식에 서버를 확인해 보니, 실제로 중국 해커로부터 해킹을 당해 바이러스가 유포되고 있었다. 이미 손을 쓸 수 없을 정도로 광범위하게 퍼져 있었다. 그렇게 세 번째 사업이었던 게임 사이트는 역사 속으로 허무하게 사라지고 말았다.

커뮤니티 사이트 또는 플랫폼 비즈니스의 경우, 이익이 발생할 때까지 서비스를 지속적으로 운영하는 데 많은 비용(서버 비용 등)이 들어간다는 사실을 알지 못한 것이 가장 큰 문제였다.

카카오톡의 경우에도 초기에 폭발적인 인기를 얻었지만, 운영 초기에는 400억 원 이상의 적자를 기록했다. 막강한 자금력과 인맥을 갖춘 한게임 설립자이자 네이버 대표이사였던 김범수 의장이 없었다면 운영 적자를 버터 낼 수 없었을 것이다. 마땅한 수입이 없던 몇 년의 시간을 버티지 못하고 만약 사업을 접었더라면 수십억 원 정도의 돈은 금방 사라졌을 것이다.

실패와 좌절 그리고 직장 생활

세 번째 사업 실패 후 한동안 눈물이 끝없이 솟아올랐다. 사무실에 출근했지만 할 일이 없었다. 그나마 술로 스트레스를 풀지 않은 것이 다행이었다(나는 힘들 때는 술을 마시지 않는 것을 철칙으로 한다. 이때 술을 마셨다면 아마 알코올중독에 빠지고 말았을 것이다). 그렇게 할 일 없는 나날을 보내던 중 블로그에 글을 쓰기 시작했다. 여러 사람들과 공유할 수 있을 콘텐츠들을 올리며 재미를 붙였다. 그러자 시작한 지 한 달도 되지 않아 1일 방문자가 1만 명을 넘어섰다. 내가 쓴 정보성 글과 콘텐츠들이 사람들의 호응을 이끌어 낸 것이었다. 그간의 여러 경험을 통해 사람들의 마음을 움직일 콘텐츠를 선별하고 홍보하는 법을 몸으로 체득한 덕분이었다. 문제는 블로그를 운영하면서 수익을 낼 방법을 알지 못했다는 것이었다. 지금과 같은 파워 블로거의 개념이 없는 시절이었다. 사람을 끌어모을 수는 있어도 여전히 돈 버는 법을 몰랐던 것이다.

당장 먹고살 궁리를 해야 했다. 취업 사이트를 통해 여러 곳에 이력서를 넣어 봤지만 전화가 걸려오는 곳은 없었다. 내게 걸려오는 전화는 카드금 연체 소식과 신용 불량 안내 그리고 은행의 빚 독촉 전화뿐이었다. 먹고살 길이 캄캄하던 그때, 하늘이 도우셨는지 알고 지내던 대표님으로부터 스카우트 제의를 받게 되었다. 앞뒤 가릴 처지가 아니었던 나는 그렇게 무작정 입사했다. 당시에 나는 두 아이의 아버지였고, 아내의 뱃속엔 셋째 아이가 태어날 날만을 기다리고 있었다.

그렇게 시작된 직장 생활은 2013년까지 7년간 세 군데의 회사로 이어졌다. 7년간 내가 경험한 업무는 첫 번째 회사에서는 관리팀장으로서 경리, 법인 결산, 인사, 노무, 부품 수입, 장비 수출, 행정, 통신장비 부품조립 및 통신장비 설치 등 연구소 업무 보조, 정부연구자금 관리, 기업부설연구소 설립, 벤처기업 등록, 특허 등록 등의 업무였다. 두 번째 회사에서는 관리이사로서 계약, 은행 대출 업무, 법무 업무, 정산 등 회사의 문제를 해결하는 업무를 수행했다. 마지막 세 번째 회사에서는 월급 사장직이었다. 이 시기의 직장 경험은 훗날 내 네 번째 사업을 준비하는 데 많은 도움이 되었다. 거래처 대표들의 장점과 단점을 살펴볼 수 있을 뿐더러 사장이지만 똑같이 급여를 받는 입장이다 보니 직원들의 마음을 잘 이해할 수 있었다.

나는 맡은 바 일을 잘 처리하는 편이다. 맡은 일뿐만 아니라 인접부서의 일까지 도와주었다.

직장 생활을 하며 나는 꾸준히 연봉을 높여 나갔다. 내 입으로 연봉을 올려 달라는 말을 한 적은 없었다. 그저 맡은 일을 잘 해냈고, 인접 부서의 일을 돕는 등 내 능력이 다하는 데까지 최선을 다했을 뿐이었다. 그렇게 1,800만 원으로 시작한 연봉은 직장 생활 3년여 만에 연봉 5,400만 원이 되었고, 법인카드와 회사로부터 지원받은 비용을 따져보면 연봉은 7,000만 원을 넘어섰다. 두 번째, 세 번째 회사에서는 더 높은 연봉을 받았다. 하지만 나는 안주하지 않고 다른 도전을 준비하고 있었다.

7년간 직장 생활을 하던 어느 날, 나는 네 번째 사업에 도전하기로 결심한다. 질문에 대한 해답을 찾았기 때문이었다. 왜 사업에 실패해야만 했는지, 내가 아는 대표들이 왜 사업에 실패했는지 비로소 알게 되었기 때문이다.

첫 사업 이후 11년의 시간이 흐르는 동안 쓰디쓴 실패의 기억을 매 순간 되새겼다. 그리고 다시는 실패하지 않겠다고 이를 악물었다. 그렇게 독기를 품은 나는 네 번째 사업, 흑(黑)수저* 경영을 시작하였다.

---

*흑(黑)수저 : '흙수저'로 태어나 어둠(黑)을 뚫고 스스로의 노력으로 금수저들과 견주어 나가는 사람들을 뜻하는 의미로 저자가 만든 신조어이다.

●

2

하늘이 세 번 무너져도
솟아날 구멍은 있다

⊕

첫 번째 사업이었던 아파트 광고 사업이 망했을 때 나는 집안 탓을 했다. 나는 주변의 그 어느 사람보다도 머리가 좋고 능력이 있다고 생각했기 때문에 내가 망했다는 것을 인정할 수 없었다. 한동안 '우리 집엔 그 흔한 빽도 없나!'라는 생각에 갇혀서 실패의 이유를 나 자신의 문제가 아닌 집안의 문제로 돌렸다.

두 번째 망했을 때는 남을 탓했다. 함께 일해 준 사람들을 탓했고, 나를 알아주지 못하는 사람들을 탓했다.

세 번째 망했을 때엔 '뭘 해도 안 되는구나!'라며 나의 운명을 탓하기에 이르렀다. 더 이상 집안도 남도 탓할 수 없었다. 연속으로 사업을 실패하니 자신에 대한 확신과 믿음이 사라졌고 스스로에게 실망했다.

'나도 저런 부모가 있었다면!'

사업하는 동안 금수저들이 부러웠다. 특히 세 번째 사업의 실패 원인이 자금 부족이라고 생각했기에 더욱더 그랬다. 실패의 원인이 영업, 금융, 인사 등 무엇 하나 제대로 하지 못했던 나의 경험 부족과 하늘을 찌를 듯한 나의 교만에 있었다는 것은 한참 후에야 깨달을 수 있었다.

2006년 세 번째 사업에 실패한 나의 나이는 서른셋이었다. 심지어 세 아들의 아버지가 되어 있었다. 더군다나 처형 집 방 하나를 빌려 살고 있었다.

나의 자본금, 카드론 1천만 원

'1인 창조 기업', 요즘 이런 말을 많이 한다. 나는 이 용어가 낯설지 않다. 나는 늘 혼자서 사업을 시작했기 때문이다. 네 번째 사업도 마찬가지였지만 예전과는 다른 게 하나 있었다. 그것은 바로 나 자신이었다. 7년간의 다양한 업무 경험으로 잔뼈가 굵어진 나는 혼자 사업 준비를 하면서 부족함을 느끼지 않았다. 법무사 없이 법인 등기를 하고, 법인 결산에 대해 회계사에게 먼저 의견을 제시할 만큼 많이 성장해 있었다.

사업 초기엔 기획이 대부분의 업무를 차지한다. 그래서 나는 초기에 사업자 등록을 하지 않는다. 사업자 등록증을 교부받는 순간 세무 신고의 의무가 생기게 되고, 세무 대리인을 통해 세무 회계 업무를 해야 하므로 비용이 발생하게 된다. 매출이 발생하기 바로 직전에 사업자 등록을 하면 초기 자금을 절약할 수 있기에 나는 가급적 사업자 등록을 최대한 미루어서 해 왔다. 또한 보통 사업을 개시한 즉시 세무 업무를 대행해 줄 회계사나 세무사와 계약하는데, 나는 2~3개월 후에 계약을 체결한다. 통상적으로 2~3개월 동안 누적된 세금계산서나 영수증이 많지 않기 때문이다. 2~3개월 미뤄서 세무사나 회계사를 세무 대리인으로 계약하더라도 누적된 2~3개월 동안의 세무 회계 비용을 청구하지 않고 한 달분만 청구하는 것이 관례이므로 조금이라도 비용을 절약할 수 있다. 이처럼 사업 초기에는 작은 비용을 아끼려는 노력이 중요하다.

사업 초기는 보통 시장조사와 분석을 통해 사업계획을 세우는 단계이기 때문에 작은 컴퓨터 한 대와 책상 하나만 있으면 그만이었다. 때마침 내 소식을 들은 친구가 자신의 사무실을 이용할 수 있게 해 준 덕분에 그곳에서 사업 준비를 할 수 있었다. 한 달 남짓 준비를 마치고, 아내에게 말문을 열었다.

"여보, 나 마지막으로 한 번만 더 사업해 보려고."

"뭐라고요?"

아내는 할 말이 있는듯 했지만, 결의에 찬 내 눈빛을 보더니 아무 말도 하지 않았다. 칼을 뽑았으면 무라도 썰어야 하는 나의 성격을 잘 아는 터였다. 포기를 했을 수도 있고, 또다시 사업을 하겠다는 나에게 어떤 말을 해야 할지 막막해서였을지도 모르지만, 결국 아내는 나를 말리지 않았다.

2013년 6월 25일, 직장 생활 7년여 만에 네 번째 사업을 시작했다. 사업 개시 일자가 대변하듯 더 이상 물러날 곳이 없었던 나는 카드론으로 대출받은 1천만 원을 자본금으로 법인을 세웠다. 카드론을 받을 정도로 당시 나의 경제 상황은 좋지 못했다.

비용 절감을 위한 공동 사무실 입주

네 번째 사업을 시작한 나는 공동 사무실에 입주했다. 공동 사무실 은 회의실, 탕비실, 복사기, 팩스 등을 영세한 기업들이 함께 사용하는 사무실을 말한다. 예전부터 소호 사무실(SOHO, Small Office Home Office)로 불리다가 최근에는 코워킹 사무실(Coworking Office)로 불리고 있다.

공동 사무실은 장단점이 분명한 공간이다. 우선 장점은, 매월 몇만 원만 내면 사업자 등록증에 필요한 임대차 계약서를 작성해 주는 서비스를 하고 있어서, 사무실이 필요 없는 초기 창업자에게 매우 유용하다. 책상이나 의자 등도 제공되기 때문에 자신이 사용할 컴퓨터 정도만 있어도 바로 업무를 시작할 수 있다는 장점이 있다. 또한 1인실부터 5~6인실까지 필요에 따라 룸을 변경할 수도 있어 유연한 공간 활용이 가능하다.

반면 공동 사무실은 약 1~5인이 사용하기 적합하게 설계되어 있어서 직원이 많아질 경우 룸을 분리해 사용해야 하며, 회의공간을 예약제로 운영하는 경우가 많아서 회의실 이용에 제약을 받을 수 있다. 화장실 또한 많은 사람들이 하나의 화장실을 공동으로 사용하다보니 불편할 수 있다. 주차는 임대료와 별개로 유료로 운영되거나 주차가 아예 불가능한 경우도 있다. 무엇보다 독립사무실보다 평당 임대료가 높은 편이다.

사업초기 내가 이런 저런 불편함을 감수하면서 공동 사무실을 이용하게 된 이유는 임대보증금이 한 달 임대료 수준으로 매우 낮고 계약기간을 1~2개월 단위로 연장할 수 있기 때문이었다. 계약 기간을 길게 할수록 많은 할인을 해주기는 하지만, 사업초기 미래에 대한 불확실성이 큰 시기에는 단기간 계약할 것을 추천한다. 추후 사업이 확장되고 안정기에 접어들었을 때 독립 사무실로 옮겨도 늦지 않다. 사업 초기의 사무실은 확장성과 축소의 양면성을 고려하여 탄력적으로 이동할 수 있어야 한다.

공동 사무실을 이용할 때 알아두면 좋은 소소한 팁을 하나 소개한다. 공용 사무실에서는 가급적 공용 팩스 사용은 피하는 것이 좋다. 별도의 팩스나 복합기, 전화, 인터넷 팩스 사용을 추천한다. 별도의 기기를 사용하면 나중에 독립 사무실로 이사할 경우 거래처에 회사 번호를 다시 안내해야 하는 불편함과 혼선을 방지할 수 있다. 그리고 사실 복사기나 프린터기의 경우 인쇄 매수에 제한이 있고, 초과할 경우 임대료와 별개로 개별 청구되는데 비용이 저렴하지 않으므로 별도로 설치하는 편이 더 경제적이다.

사업과 장사의 차이점

사업을 시작한 지 얼마 되지 않아서 예전 직장에서 함께 일하던 온라인 판매 팀장이 찾아왔다. 함께 일하고 싶다는 것이었다. 그는 데리고 올 직원이 한 명 더 있다고도 했다. 팀장의 업무 실력과 사람됨을 잘 알고 있었기 때문에 그가 추천하는 직원도 함께 맞아들이기로 했다. 그렇게 사업을 개시하기도 전에 계획에 없던 두 명의 동료가 생겼다. 책임감과 불안감이 들지 않는다면 거짓말일 것이다. 하지만 사업 초기,

모든 것이 불확정적인 상황임에도 불구하고 창립 멤버 세 명이 각각의 기둥이 되어 탄탄하게 받쳐 주니 든든했다.

이렇듯 세상에 계획대로 되는 사업은 없다. 시작은 혼자였지만, 함께할 동지들이 생기면서 나는 장사에서 사업으로 노선을 변경하여 밑그림을 다시 그리게 되었다. 혹자는 장사와 사업이 무엇이 다르냐고 물을 것이다. 내가 생각하는 장사와 사업의 차이는 다음과 같다. 우선 장사는 대표가 직접 일해야 하는 것이고, 사업은 타인 또는 직원들이 스스로 일할 수 있는 환경을 만들어 주는 것이다. 예를 들어 카페를 운영하는데 대표가 커피를 내리고 서빙하고 계산하는 일을 하면 장사다. 하지만 대표가 직원들을 채용해서 커피를 내리거나 서빙을 하는 등 각각의 업무를 부여하고 환경을 개선해 나간다면 사업이 되는 것이다. 또한 장사와 사업은 사업이 진행됨에 따라 나타나는 판로 확대와 매출 신장의 양상에 큰 차이를 보인다. 장사는 대표자가 대부분의 업무를 감당하고 있기 때문에 대표 없이는 일이 제대로 굴러가지 않는다. 반면 사업에서의 대표자 역할은 직원들의 효율적으로 일할 수 있는 환경을 만들어 주고, 문제점을 해결해 주며, 손님들을 관찰해 고객을 유치할 계획을 짜고 실행하는 데 있다.

즉 장사는 한 개의 카페를 운영하기에도 바쁘지만, 사업은 여러 개의 카페를 운영할 수 있게 된다. 그렇기 때문에 장사꾼보다 사업가들이 매출과 규모 면에서 클 수밖에 없다.

대표보다 훌륭한 경리는 없다

"다른 직원은 몰라도 경리는 꼭 뽑아야 하지 않나요?"

사업을 하면 습관적으로 경리부터 채용하는 사람들이 있다. 보통 회사의 경리 직원은 영수증, 세금계산서 정리, 급여 산출 및 4대 보험 업무 등을 담당하면서 대표자의 비서 업무를 병행하는 경우가 많다. 하지만 사업 초기엔 직원 수도 얼마 되지 않고 발생하는 영수증과 세금계산서가 많지 않으므로 대표자가 이 일을 직접 수행하는 것이 좋다. 실제로 나는 온라인 상품판매 대행을 시작하면서 기업 생존에 초점을 맞췄다. 매출을 일으키지 않는 업무에는 직원을 채용하지 않았다. 경리 직원도 마찬가지였다. 대부분의 회사가 인건비를 감당하지 못해 문을 닫기 때문에, 사업 초기에 리스크를 줄이는 가장 좋은 방법은 혼자 사업을 하는 것이다. 시간이 지난 후 필요한 최소한의 인력을 채용해 나가는 것이 바람직하다.

대표자가 경리 업무를 직접 할 경우 큰 장점이 있다. 회사의 비용이 얼마나 지출되는지, 절감해야 할 비용 또한 얼마인지 직관적으로 알 수 있다는 것이다. 1년에 한 번씩 해야 하는 법인 결산을 통해 회계에 대한 기본 상식과 개념이 정립될 수 있다. 무엇보다 경리 직원에 대한 인건비를 아낄 수 있다. 경리 업무에 대한 부담감을 느끼는 대표들도 있는데, 전혀 부담감을 느낄 필요가 없다. 회계사 사무실과 계약해서 월 10~15만 원만 지급하면 급여 대장, 4대 보험, 세무 신고 등에 관한 업무를 대행해 주기 때문이다. 이러한 시기를 통해 대표자 스스로 회사의 현금 흐름을 알고 대처할 수 있는 능력을 키우는 것이 중요하다.

　나는 네 번째 사업을 시작한 지 3년, 매출로는 16억 원, 직원 수가 10여 명이 되는 시점에 경리 직원을 뽑았다. 당시 나는 농림축산식품부 강원도 6차 산업 전문위원으로 위촉되었고, 강연 일정도 늘어나면서 대외 활동이 많아졌다. 자리를 비우니 자금 집행이 자연스레 지연되었고, 부가세 신고 등 기본적인 회계 업무들도 버거워졌다.

　이처럼 직원은 정말 필요한 시점에 채용하는 것이 정답이다. 대표자가 단지 부담스럽고 하찮은 일이라는 이유로 직원을 채용하는 것은 금물이다. 사업 초기에는 직원을 최소화하고, 영업에 총력을 기울여야 한다. 사업 초기 리스크는 직원의 수와 비례한다고 해도 과언이 아니다. 최소한의 인력으로 경영하는 습관을 들일 필요가 있다. 대표자가 각 직원들의 업무를 대신할 수 없으면 일을 잘 시킬 수도 없다. 그렇기 때문에 대표자는 사업 초기에 스스로 많은 일을 경험해 봐야 한다. 회사가 성장하면 하고 싶어도 할 수 없게 되기 때문이다.

사업 초기에 비용을 절약하는 일은 대단히 중요하다. 사업은 계획과 상관없이 의도하지 않은 방향대로 흘러갈 때가 더욱 많다. 주변을 의식해 불필요하게 규모를 키우지 말고 최소화하도록 하자.

●

3

두려움을 이기는 영업 방법

✛

　누군가 내게 사업 초기 가장 힘든 부분이 무엇이냐고 묻는다면, 나는 주저 없이 "영업"이라고 대답할 것이다. 대부분의 기업 또한 제품이나 서비스를 판매하지 못해 망하는 경우가 허다하다.

　네 번째 시작한 주 사업 아이템은 온라인 상품 판매였다. 온라인 상품 판매업체들은 통상적으로 자신이 직접 제조한 제품이나 유통하는 상품을 소셜커머스(쿠팡, 티켓몬스터, 위메프)나 오픈마켓(지마켓, 옥션, 11번가, 스토어팜) 등에 판매하거나, 직접 쇼핑몰을 만들어 판매한다. 하지만 내가 가진 1천만 원의 자본금으로는 제품을 제조하기도, 유통할 상품을 찾기도 쉽지 않았다. 유일한 방법은 제조사나 유통업체들로부터 제품을 공급받아서 우리가 마케팅과 판매를 대신해 주는 것이었다. 하지만 이 또한 쉽지 않았다. 이제 막 사업을 시작한 회사에게 제품을 공급해 줄 회사는 많지 않았기에 우리의 목표는 남들과 다른 판매처를 확보하는 것이었다.

100번 거절당해도, 101번 찾아가기

새로운 판매처를 찾던 도중 온라인 판매팀장이 폐쇄몰 판매를 제안했다. 폐쇄몰은 대기업들이 직원의 복지를 위해서 운영되는 '폐쇄몰'과 영업사원들의 영업 촉진을 목적으로 운영되는 '영업몰' 등을 통칭하는 용어로, '승인된 직원들만 접속이 가능한 쇼핑몰'을 뜻한다. 이러한 폐쇄몰은 제조사나 유통사들도 생소하다고 생각해 매력을 느낄 것이라는 생각이 들었다. 아무에게나 열려 있지 않다는 점에서 특화된 판매채널이라고 판단했다.

하지만 폐쇄몰은 노출되어 있는 쇼핑몰이 아니기 때문에 입점이 매우 어려웠다. 포털 사이트 검색을 통해서 조사했지만, 쇼핑몰 존재 여부도 알 수 없었다. 이름대로 폐쇄적으로 운영되고 있었다. 폐쇄몰을 운영하는 기업과 담당자 연락처를 알아내야 판매 협의를 할 텐데 연락할 방법을 찾을 수 없으니 막막했다. 흙수저 대표였던 나는 인맥도 없고 물어볼 곳도 변변치 않았기에 정공법을 선택했다. 방법은 아주 단순했다.

우선 제약사, 보험사 등 우리의 판매처가 될 수 있는 대기업들을 매출 순위별로 나열하고 대표 전화번호를 엑셀 파일로 정리했다. 매출이나 기업의 전화번호는 인터넷 검색을 통해 쉽게 알 수 있는 자료들이었다. 필요한 정보들을 선별하여 꼼꼼하게 정리하는 데 시간이 소요됐을 뿐이었다. 정리가 끝난 파일을 직원들과 공유했고, 그때부터 각 업체에 전화를 걸기 시작했다.

"폐쇄몰에 입점하려고 하는데 담당자 연락처를 알 수 있을까요?"

"폐쇄몰이요? 그게 뭐죠?"

"저희 그런 것 없는데요."

막무가내 무작위 영업은 무성의한 답변으로 되돌아왔고, 대부분 담당자 연락처를 알아내지 못한 채 전화를 끊어야 했다. 신생 기업, 그것도 보유한 상품도 변변치 않은 온라인 판매대행 기업이 대기업에 전화를 걸어 담당자를 만나고 설득하는 과정이 결코 순탄치만은 않았다. 하지만 나는 멈추지 않았다. 끊임없이 연락했다. 그렇게 포기하지만 않는다면 열 군데 중 하나 혹은 백 군데 중 하나는 반드시 긍정의 메시지를 받을 수 있다는 믿음이 있었기 때문이었다. 계속하다 보니 몇 곳의 담당자 연락처를 알아내는데 성공했고, 그중에서도 또 몇 곳의 담당자와 미팅 약속을 잡을 수 있었다. 그렇게 우리 회사는 상품을 판매할 폐쇄몰 4곳을 확보했다. 이제 다음 과제는 폐쇄몰에 판매할 상품을 공급해 줄 제조사와 유통사를 찾는 것이었다.

영업의 가장 큰 적, 나의 두려움

나는 영업직 직원들에게 일단 전화해 보라고 조언한다. 그것이 나의 영업 방식이었기 때문에 직원들에게 영업 교육을 할 때에도 권유하곤 한다. 하지만 이를 따르는 직원은 거의 없다. 대부분 인맥에 기대어 소개를 받으려고 한다. 사실 새로운 거래처를 뚫는 것은 좋은 인맥을 갖고 있다 해도 어려운 일이다. 또한 이 방법만으로는 기대만큼의 성과를 내지 못하는 경우도 많다.

"그렇다면 우리는 왜 인맥에 기대는 것일까?"

이 질문의 답은 바로 '두려움'이다. 두려움은 상대방이 거절할 것이라는 막연한 공포감에서 기인한다. 그리고 두려움은 영업에 있어 가장 큰 적이 된다. 경력이 많은 영업직 직원들 중에서도 은연중에 거절에 대한 두려움을 가지고 있는 사람이 있다. 하지만 거절당하는 일이 과연 그렇게 두려워해야만 하는 일일까? 이 질문과 관련해서는 텔레마케터들을 떠올려 볼 수 있다.

"고객님, 개인 정보 활용에 동의하셔서 전화 드렸는데요."
"뚜뚜뚜…."

평소 나는 텔레마케터들의 상품판매 전화가 걸려오면 즉시 전화를 끊는 편이다. 하지만 이들의 영업 방식에 대해서는 긍정적으로 생각한다. 혹자는 텔레마케터의 전화를 스트레스로 여기기도 한다. 하지만 영업은 상대의 마음을 끊임없이 두드리는 행위이다. 때문에 이들의 노력만큼은 높이 평가받아야 한다.

많은 이들이 돈을 많이 벌고 싶어 하고, 성공하고 싶어 한다. 그러기 위해서는 한 가지를 반드시 명심해야 한다. 아무리 험악한 문이라도 두드려야 한다는 것이다. 돈을 벌기 위해 가장 기본이 되는 영업에서조차 뒷걸음질 치면 어떻게 돈을 벌 수 있을 것인가. 거절이 두려워 문조차 두드리려 하지 않는다면 돈을 벌기는커녕 생존조차 불확실해질 것이다. 정말 돈을 벌고 싶다면, 내가 절대 통화할 수 없다고 생각되는 사람에게도 전화를 걸 수 있어야 한다. 두려움을 떨치고 거래하고 싶은 거래처나 사람에게 마구 전화하라. 두려움을 이기는 것은 경험이다. 텔레마케터를 떠올려 보자. 전화를 걸었다 해도 거절밖에 더 당하겠는가?

사업 초기 나의 영업 방법은 내가 팔고 싶은 상품을 선정하고 온라인에서 제조사와 유통사를 찾아 무작정 본사로 전화해서 미팅을 잡는 것이었다.

　　한 번은 국내 유명 커피 프랜차이즈들의 커피와 머그잔, 텀블러 등을 판매하겠다는 목표를 세운 적이 있었다. 우선 나는 국내에 입점해 있는 모든 커피 프랜차이즈들을 조사했다. 그리고 본사로 전화를 걸었다. ARS를 통해 상담원으로 연결되거나 홈페이지를 통해서 제안서를 접수하라는 의례적인 답변을 받았다. 천신만고 끝에 담당자와 통화가 되고 미팅을 하더라도 시큰둥한 반응을 보이는 곳도 많았다.

　　하지만 나는 멈추지 않았고, 중요한 사실 한 가지를 깨닫게 되었다. 업계 상위권에 있는 기업들의 담당자들이 새로운 제안에 대해 상대적으로 더 적극적인 태도를 보인다는 것이다. 실제로 우리 회사는 업계 상위권 커피 프랜차이즈 기업 몇 곳과 거래를 하게 되었다. 이런 성과의 바탕에 무작정 전화를 거는 영업 방식이 있었다고 말하면 거짓말처럼 느껴질 수도 있을 것이다. 하지만 이런 내용은 언론과 책을 통해서 접할 수 있는 영업 왕들의 이야기에서도 종종 접할 수 있다. 그들이 행한 영업 방식도 막무가내인 경우가 많았다. 문이 열릴 때까지 방문하기, 거절을 당했어도 신제품을 들고 계속해서 찾아가기 등등 무식해보여도 우직하고 꾸준한 영업 방식으로 길을 개척했다.

　　나는 이렇듯 무작정 영업 방식으로 영업을 해 나갔다. 두려움을 이기는 노력이 있었기에 시간이 갈수록 회사의 영업 실적이 늘어났고, 마케팅 능력이 쌓이면서 영업이 조금씩 쉬워졌다. 온라인 마케팅과 판매 업계에서 입소문이 나면서 소개를 받는 경우도 생겨났다. 물건을 팔아 달라고 찾아오는 기업들 또한 많아졌다. 현재 우리 회사는 농림축산식품부와 산업통산자원부 산하 기관들과도 함께 일하고 있다. 영업이란 그렇다. 처음은 힘들지만 나중은 점점 쉬워진다. 좋은 거래처를 찾기 위한 무작정 영업은 지금도 계속되고 있고, 앞으로도 계속될 것이다.

사업에 성공하기 위해서는, 대표부터 결사적으로 영업해야 한다. 거절당하는 일에 감정을 섞을 필요가 없다. 두려워 말고 마구 두드리자. 계속해서 두드리다 보면 열리는 문이 있다.

●

일격필살의 승부수가 필요한 순간

⊕

앞서 이야기한 것처럼, 네 번째 사업 초기의 주요 매출 수단은 대기업 직원들이 상품을 구매하는 폐쇄몰에 상품을 판매하는 일이었다. 4~5개월의 노력 끝에 고정 매출이 생기면서 희망이 보이기 시작했다. 이대로 거래처를 좀 더 늘리면 목표로 한 이익 창출도 가능한 시점이었다. 하지만 호사다마라고 했던가, 우려하던 일이 생기고 말았다.

"대표님, 큰일 났어요."

"왜, 무슨 일인데요?"

"주 거래처에 판매가 불가능하게 생겼어요."

"뭐라고요? 왜요? 우리가 뭔가 실수한 건가요?"

"아니오. 사업 방향을 전환한다고 상부의 지시가 떨어졌대요."

"그럼 언제부터 거래를 못하게 되는데요?"

"내일부터요."

우리 회사의 매출 90% 이상을 담당하는 거래처에서 사업 폐지 결정이 난 것이다. 대기업과 같이 큰 회사들은 하루아침에 정책이나 방향이 바뀌어 사업이 중단되는 경우가 종종 발생한다. 문제는 당시에 이 기업에 대한 우리 회사의 매출 의존도가 100%에 가까웠다는 점이었다. 회사의 존폐가 걸려 있을 정도의 위태로운 상황이 발생한 것이다. 거래처의 갑작스러운 결정이 야속했지만, 그쪽에서 우리 회사의 어려움을 생각해 줄 이유는 없었다. 이익 창출에 대한 희망은 하루아침에 물거품이 되어 버렸다. 예측 가능한 위험 요소였음에도 불구하고 간과해 버린 내 잘못이었다. 창립 멤버들은 패닉 상태에 빠졌고, 모든 업무는 중단되기에 이르렀다.

하루 아침에 매출 0원

회사에 닥친 불운에 직원들 또한 크게 동요하기 시작했다. 당시 창립 멤버 두 명과 그 외 직원 한 명이 함께 일하고 있었는데, 회사 사정이 급격하게 나빠질 것이라고 예상한 직원은 다른 회사 면접을 본 후 사직서를 제출했다.

이렇게나 힘든 순간이 또 있을까, 라는 생각을 하다가 불현듯 군에 있었을 때가 생각났다. 특공연대와 특전사에서 소대장과 중대장으로 6년 4개월간 근무하면서 이따금 나는 절박한 상황에 놓이곤 했다. 가장 앞에서 길을 인도하던 첨병이 산속에서 길을 잃었을 때가 그러했고, 비와 눈과 우박이 순식간에 쏟아져 온몸이 얼어 버린 날씨 속에서도 그러했다. 그때마다 나를 가장 괴롭혔던 것은 육체의 피로나 혹한의 날씨가 아니라 병사들의 시선이었다. 지휘관이었던 내게 고정되어 있던 그 시선들을 오롯이 혼자 마주해야 한다는 사실이 무엇보다 힘들었다.

네 번째 사업을 하면서 가장 힘든 시기를 맞은 이때에도 창립 멤버들의 시선이 내게 고정됐다. 나라고 뾰족한 방법이 있는 것은 아니었지만 나까지 패닉 상태에 빠질 수는 없는 노릇이었다. 지휘관으로 있을 때처럼 대표이사로서 어떻게든 돌파구를 찾아내야 했다. 하지만 매월 적자를 기록하며 어렵게 연명하던 터라 마땅한 돌파구를 찾아낼 수 없었다. 퇴근을 하고 집에 돌아와서도 잠을 이루지 못했다. 밤을 새워 생각하고 또 생각했다.

나는 아무리 중대한 일이라도 이틀 안에 판단해 결정한다는 원칙을 갖고 있다. 극한상황에 닥쳤을 때는 더욱 그렇게 한다. 시간을 흘려보내면 자칫 더 안 좋은 상황을 초래할 수도 있기 때문이다. 이때에도 나는 시간을 지체하지 않고 움직였다. 다음 날 아침 나는 회사의 법인통장을 개설한 은행의 지점을 찾아갔다. 그리고 단 한 번도 얼굴을 본 적이 없는 지점장님을 만나게 해 달라고 요청했다.

"지점장님을 만나러 왔습니다."
"무슨 일이시죠?"
"네트론이라는 회사입니다. 이 지점과 거래하고 있는데요. 지점장님을 뵙고 싶습니다."
"만나시려는 목적이 무엇인가요?"
"운영자금이 필요합니다."

은행의 부지점장님은 내 이야기를 들으시더니, 며칠 뒤로 지점장님과의 미팅을 잡아 주셨다. 안내받은 미팅 일자에 맞춰 다시 방문한 은행에서 지점장님을 뵐 수 있었다. 나이가 지긋한 지점장님의 얼굴에는 여유가 묻어 나왔다. 용건을 묻는 지점장님의 질문에 준비해 간 이력서를 꺼내 보였다. 그리고 세 번의 사업에 실패한 이유와 특허출원 경험, 사업을 접고 7년 동안 직장 생활을 한 경험들을 차례로 이야기했고, 내가 왜 네 번째 사업을 시작했는지, 어떤 목표를 가지고 있는지에 대해 상세히 말했다. 지점장님은 말없이 내 이야기를 끝까지 들어 주셨다. 그리고 잠시 생각에 잠겨 있던 지점장님이 부지점장님을 불러 다음과 같이 말했다.

"이분 자금 지원해 드려요."

나는 그렇게 기적과 같이 자금 지원을 받을 수 있었다. 어떻게 이런 일이 가능했을까? 보통 대표들은 자금이 필요하면 은행 대출 담당 창구 직원과 상담하는 것이 보통이다. 하지만 규모가 큰 자금에 대한 집행권은 창구 직원에게 없다. 일정 규모 이상의 대출 규모가 되면 지점장의 판단이 가장 중요해진다. 나는 사업에 실패해 보고 직장에서 관리 업무를 하며 이 사실을 깨달았다. 그래서 나는 곧바로 지점장과의 미팅을 청했고, 그 자리에서 이력서를 보여 주면서 나의 사업 비전과 성공 가능성에 대해 상세히 설명하였다. 여기서 콕 집어 이야기하고 싶은 대목은 내가 '이력서'를 가져갔다는 것이다.

대개 자금 대출을 받고자 하는 사람들은 사업계획서를 제시하기 마련이다. 하지만 나는 내 이력서를 보여 주었다. 사업계획서만으로는 신뢰감을 획득하기는 힘들기 때문이다. 사업계획서는 종이에 그려진 장밋빛 미래에 불과하다. 얼마든지 그럴듯하게 꾸밀 수 있다는 말이다. 입장을 바꿔서 생각해 보자. 누군가가 당신에게 사업계획서를 보여주며 돈을 투자하라고 한다면, 당신은 덥석 돈을 내주겠는가? 아마 대부분은 믿지 않을 것이다. 설사 아주 친한 친구라 해도 말이다. 사업을 하는 사람이라면 이러한 점을 미리 알고 있어야 한다.

대출을 받아 간 기업들의 성공률이 반반이라는 사실을 잘 아는 은행에서, 담보도 없는 사람의 사업계획을 신뢰할 가능성은 매우 낮다. 그래서 나는 이력서를 만들어 찾아갔고, 나의 실패담과 경험에 대해 이야기해 나의 성공 가능성을 부각시킨 것이다. 은행의 지점장급에 오른 사람이라면 분명 다양한 경험을 가지고 있을 것이다. 때문에 종잇조각에 불과한 사업계획서보다는, 나 자신을 온전히 내보이는 편이 신뢰를 얻을 가능성이 높다. 당시 은행 지점장님은 실패 경험을 솔직하게 터놓은 나의 패기에 후한 점수를 주신 듯했다. 물론 준비한 사업 비전에 대한 성공 가능성을 보아 주셨기에 가능한 일이었다.

절체절명의 순간에 승부수를 띄워서 성공했지만, 솔직히 나도 선뜻 믿어지지 않았다. 별다른 매출과 실적 없이 마이너스를 기록하고 있고 담보도 제공할 것이 없는 회사에 자금 지원이라니. 지성이면 감천이라는 속담이 없었다면 설명할 길이 없었을 것이다.

위기일 때 투자하라

나는 천군만마를 얻은 심정으로 창립 멤버들을 불러 놓고 기쁜 소식을 알렸다. 창립 멤버들의 얼굴에는 희망과 함께 안도의 한숨이 터져 나왔다. 그리고 나는 앞으로 다른 기업에 의존하지 않고 나아갈 수 있는 회사의 방향성에 대해 이야기했다.

"지금부터 우리가 하고 싶은 것을 하자."

지원받은 자금으로 인력을 추가로 채용하고, 독자적인 온라인 쇼핑몰을 구축하기 시작했다. 하지만 온라인 쇼핑몰은 1년 넘게 별다른 수익을 내지 못했지만 이는 이미 예상한 일이었다. 그럼에도 내가 이 일을 벌인 것은 두 가지 이유가 있었다.

첫째, 새로운 수익 모델을 창출해야 했다. 이를 위해 투자는 불가피하다. "위기일 때 투자하라." 나는 사업하면서 어려운 일을 만나면 이 격언을 떠올린다. 실제 어려운 일을 만났을 때 위축되거나 축소하기보다는 돌진해 나갈 때 좋은 결과가 일어날 때가 많다. 당시 나는 은행 외에도 기술보증기금과 중소기업진흥공단을 통해서도 은행에서와 같은 방식으로 나의 이력을 어필하며 자금을 확보했다. 이렇게 확보한 자금으로 더 많은 인력을 채용했고, 좀 더 나은 근무 환경으로 사무실을 옮겼다. 감사하게도 직원들이 내 마음을 알아주었다. 어려움 속에서 물러나지 않고 나아가려는 노력을 보고 함께 달려갔다. 노력한 만큼 좋은 결과를 얻을 것이라고 굳게 믿었다.

둘째, 불안해 하는 직원들의 열정을 다시 끌어낼 수 있는 일이 필요했다. 사업을 하다 보면 회사 매출이 급감하는 위기의 순간을 맞닥뜨릴 때가 있다. 위 사례처럼 매출 환경이 갑자기 변화한 경우도 있겠지만, 직원들의 의욕이 떨어지는 것도 큰 이유가 된다. 직원들의 의욕이 떨어진다고 생각한다면, 그 즉시 의욕을 끌어올려 줄 필요가 있다. 직원들의 의욕 상실이 장기화되면 걷잡을 수 없기 때문이다.

직원들의 기운을 북돋아 주는 데에는 여러 가지 방법이 있지만, 나는 직원 스스로 새로운 일에 집중하도록 해 주는 것이 가장 좋은 방법이라고 생각한다. 즉 현재 업무를 진행하되, 필요하면 추가 인력을 충원하여 새로운 기회를 준다는 뜻이다. 어떤 일을 새로 맡을 것인지는 당사자와 협의를 통해 이루어져야 한다. 그렇지 않고 억지로 업무를 맡기면 오히려 더욱더 의욕이 상실되기 때문이다. 이 과정에서 새로운 일을 맡은 직원은 직급과 상관없이 팀의 리더나 관리자로 활동할 수 있게 되며, 해당 업무를 잘 수행하게 되면 실제 진급은 물론 빠른 연봉 상승을 기대할 수 있게 된다.

그렇다고 의욕 있는 직원에게 무작정 일을 맡기라는 의미는 아니다. 대표나 임원은 진행될 업무에 대해서 관심을 갖고, 성공적으로 진행될 수 있도록 도와야 한다. 업무뿐만 아니라 직원들의 분위기를 잘 살필 줄 알아야 한다. 직원들 중에는 단순히 월급을 받는 것에서 끝나는 것이 아니라, 자신이 하는 일에 성취욕을 느끼고 싶어하는 직원이 있다. 잘나가는 회사일수록 성취욕이 높은 직원이 많다. 대표나 임원은 이들의 사기가 하늘을 찌를 수 있도록 북돋아 줘야 한다.

　새로 운영하기 시작한 자체 쇼핑몰과 SNS 커뮤니티는 한동안 근근이 버틸 정도의 수익을 내다가, 3년이 지나면서 눈에 띄게 이익이 증가하기 시작했다. 2016년에는 49억 원의 매출을 기록했고, 오프라인 매장과 백화점으로 진출하는 등 새로운 사업을 확장하는 효자 사업이 되었다. 자금을 구하지 못해 문을 닫을 위기에 몰렸던 때와는 달리 상상하지 못할 만큼 회사 분위기가 달라졌다. 어려움을 이겨 낸 스스로가 대견했고, 직원들에게 감사했다.

　대표의 능력 중 꼭 필요한 것이 있다면 바로 자금을 끌어오는 능력이다. 자금의 융통은 사업의 모든 것이라고 할 만큼 대단히 중요하다. 특히 사업이 안정화되기 이전에 찾아오는 자금에 대한 위기를 잘 넘겨야 한다. 그다음으로 중요한 것은 회사를 지속적으로 발전시킬 아이템을 찾고, 남과 다른 사업과 마케팅 방식을 만들어 내는 것이다.

　　회사를 운영하다 보면 위기를 연속적으로 맞이할 때가 있다. 이때, 대표가 어떤 자세를 취하느냐에 따라 회사의 존폐가 결정된다. 위기를 돌파할 묘수를 발견하고, 자신과 직원을 믿고 과감히 나아가야 한다.

5

온라인 마케팅, 어렵지 않아요

혹시 자신이 생각한 아이디어가 '대박'이라고 생각해 본 적 있는가? 나는 항상 내 사업 아이디어가 대박이라고 생각했다. 하지만 이 세상에 사업 아이디어 하나쯤 없는 사람이 어디 있을까? 예를 들면 하늘을 나는 자동차, 자율주행 자동차, 주머니에 넣고 다닐 수 있는 컴퓨터… 같은 아이디어들은 영화나 만화책을 보면서 다들 한 번쯤 생각했을 것이다. 하지만 이를 사업화한 사람은 극소수의 사람들뿐이다. 거창한 사업 아이템이 아니더라도 '누워서도 편하게 음료를 마실 수 있는 빨대', '볼펜 똥이 나오지 않는 볼펜', '잘 부러지지 않는 샤프심' 등 생활 속에서 찾은 아이디어들 또한 쏟아지지만 이 역시 사업화한 사람은 극소수에 불과하다. 즉, 아이디어도 중요하지만 그보다 중요한 것은 아이디어를 현실화하는 실행력이라는 뜻이다. 하지만 성공 확률보다 실패의 확률이 월등히 높다 보니, 우리 사회에서는 사업에 대한 꿈과 도전보다는 사업 실패와 불안이 더 크게 부각되어 있는 듯하다.

사실 크게 틀린 이야기는 아니다. 사업 아이디어를 실행으로 옮기기도 힘들지만, 실행에 옮겼더라도 그것을 대중화시키기는 더욱 어렵다. 아무리 좋은 제품을 가지고 있다 해도 홍보와 판매가 되지 않으면, 즉 기업에 마케팅 능력이 수반되어 있지 않다면 망하기 십상이다. 이 사실을 잘 알고 있던 나 역시 네 번째 사업을 나 역시 네 번째 사업을 시작한 후 자체적인 마케팅 능력을 갖추기 위해 많은 노력을 기울였고 시행착오를 거쳤다.

파워블로거들과 친구하는 참 좋은 방법

"이번 브랜드 모델은 누구로 할까?"

대기업 홍보팀이라면 새로운 브랜드나 제품을 런칭할 때, 그에 맞는 모델을 떠올릴 것이다. 주력 제품이라면 광고 비용에 수십억 원에서 수백억 원을 쏟아 붓기도 한다. 이는 막대한 자본이 있는 대기업에서만 가능한 마케팅이다.

하나의 예를 들어 보면, 유명 홈쇼핑 회사로부터 솔깃한 제안을 받은 중소기업 화장품 대표가 있다고 하자.

"배우 OOO을 모델로 발탁하세요. 그럼 적극적으로 도와드릴게요."

중소기업 대표는 홈쇼핑 회사의 말에 흡족해하며 해당 여배우의 소속사에 찾아갔다. 하지만 모델료가 10억 원이라는 말에 기겁을 하고 뒤돌아서야 했다.

'흙수저' 대표들은 자금이 넉넉지 않기 때문에 회사 홍보에 고비용을 투자할 수 없다. 그래서 나는 돈이 아닌 아이디어를 짜냈다. 우리 회사를 어떻게 알리고 신뢰하게 할 수 있을까를 고민하던 끝에 블로그가 생각났다. 과거에 게임 커뮤니티 사이트를 운영해 1일 방문자 10만 명을 기록하기도 했고, 개인 블로그를 운영할 땐 1일 1만 명 방문 기록을 세운 내가 아니던가.

블로그를 만들고, 파워블로거들과 이웃하여 그들을 통해 우리 회사의 제품을 홍보하자는 아이디어를 낸 이후 파워블로거들과 이웃을 맺을 방법을 고민했다. 페이스북, 인스타그램 등 SNS 이용자들은 자신보다 팔로워 숫자가 낮을 경우 친구 맺기를 거부하는 경우가 많다. 블로그도 마찬가지로 방문자가 적고 이웃 수가 적은 블로거는 파워블로거와 이웃 맺기가 쉽지 않다. 하지만 파워블로거와 이웃이 된다면, 나의 소식이 다른 여러 블로거들에게 쉽게 노출되기 때문에 금방 블로그를 성장시킬 수 있다. 그렇기 때문에 파워블로거들을 사로잡는 전략이 필요하다. 그들이 좋아하는 콘텐츠를 생성하여 그들을 유입시키고, 그들과 이웃을 맺을 수 있는 기회를 만들어야 한다.

그렇다면 어떤 콘텐츠로 파워블로거의 이목을 끌 수 있을까? 요즘 인터넷 세상엔 온갖 정보가 넘쳐나서 웬만해서는 사람들의 시선을 끌기가 쉽지 않다. 이런 때일수록 나 자신의 개성을 드러내는 콘텐츠를 개발하는 게 중요하다.

사업 초기, 나는 나만의 개성을 궁리하다가 내가 다섯 아이의 아버지라는 사실이 떠올랐다. 당시 내가 거주하는 강동구 내 30~40대 부모 중 가장 많은 자녀를 낳았다며 강동구청의 연락을 받아 행사에 참석했던 적이 있었다. 아들 셋, 딸 둘은 요즘 세상에 이슈가 될 만큼 많은 자녀 수였던 것이다. 그래서 생각해 낸 것이 웹툰이었다. "다섯 아이를 키우며 발생하는 에피소드를 웹툰으로 만들자"는 아이디어를 팀원들과 공유하여 회의에 나섰다. 일곱 명의 한 가족을 캐릭터화하고 일상 이야기들을 웹툰으로 그려 보기로 했다. 우리 가족 이야기를 정리하여 디자이너에게 전달하니, 웹툰이라는 형식으로 재미있게 구현되었다. 나와 회사 동료들은 여러 차례 아이디어 회의를 하며, 짧은 두세 컷짜리 웹툰 속에 메시지를 전달하기 위해 노력했다.

이러한 노력은 대성공이었다. 단시간에 블로그 이웃이 늘었고, 파워블로거들이 먼저 이웃 신청을 해 주기까지 했다. 다섯 아이를 키우는 엄마 아빠의 이야기가 사람들의 호기심을 불러일으켰던 것이다. 6개월쯤 지났을까? 블로그 이웃 숫자는 1,000여 명을 넘어섰다. 그때부터 우리는 이웃에게 상품들을 소개하고, 체험을 통해 솔직한 상품 리뷰를 작성하도록 했다. 이웃 블로거를 통한 자체적인 온라인 마케팅을 시작하게 된 것이다.

블로그, 브랜드가 되다

보통 블로그를 통한 온라인 마케팅은 마케팅 업체에 비용을 지불하면 해당 마케팅 업체가 블로거들을 섭외하고 비용을 지불하여 상품 리뷰를 작성하게 한다. 하지만 우리는 이웃 블로거들에게 비용 지불 없이 좋은 상품을 소개하고 마음에 드는 상품에 대하여 상품 후기를 작성하게 했다. 어떻게 이런 방법이 가능했을까? 우리는 여느 마케팅 업체처럼 '업체 대 블로거'의 관계가 아니었다. 우리는 '블로거 대 블로거', '부모 대 부모'의 관계를 형성한 것이다. 블로그를 통해 대화하며 정보를 주고받았다. 그리하여 가족이 누구인지, 집이 어디인지까지 아는 친구 같은 사이가 되었다. 오직 판매에만 주력하는 여타의 온라인 마케팅 업체처럼 한쪽이 주도하는 관계가 아닌 쌍방향 소통을 지향한 것이다. 블로거들은 다섯 아이를 키우는 나와 아내에게 출산과 양육에 관하여 질문해 왔고, 아이들과 함께 먹으라며 음식을 보내 주기도 했다. 심지어 해외에서 과자 소포가 날아오기도 했다.

블로거는 하나의 인격체이다. 돈으로 엮여 있는 온라인 마케팅 업체와 확연히 다른 인간적인 교류를 형성해 나가니, 우리의 일에 진심으로 협조해 주는 사람이 많아졌다. 인간적인 친밀감과 유대감을 쌓으니 훨씬 더 책임 있고 성의 있는 진솔한 상품 후기가 작성되어졌다. 더구나 날이 갈수록 블로그 이웃은 빠르게 늘어갔다. 블로거들이 우리 블로그를 자신의 이웃 블로거들에게 추천하고 소개해 주었기 때문이다. 웹툰의 인기도, 온라인 마케팅 효과도 빠르게 성장해 나갔다. 블로거들이 작성해 주는 상품 리뷰는 포털 사이트 검색 상위에 노출되며 큰 효과를 나타냈다. 우리 회사의 판매 성과가 나날이 좋아지니, 우리와 거래하지 않던 제조사 및 유통사들도 판매 문의를 해 왔다. 이때쯤부터는 제품을 공급받기 위해 거래처를 찾지 않아도 될 정도가 되었다. 하지만 우리는 자만하지 않고 업체 간의 신뢰도를 쌓기 위해서 더욱 노력했다. 다른 상품 판매업체와 달리 온라인 마케팅까지 병행해 주는 우리 회사에 대한 업체 대표님들의 신뢰는 높아졌고, 이 때문에 우리는 종종 다른 업체들보다 저렴한 가격에 제품을 공급받는 혜택을 누릴 수 있었다.

기업 대표님들을 상대로 강의를 하면서 온라인 마케팅을 어렵게 생각해 시작도 하지 못하는 분이 상당히 많다는 사실을 알게 되었다.

마치 스마트폰이 등장했을 때 사용법이 어려울 것이라고 지레짐작해 사용을 기피하다가 한참 후에야 스마트폰을 구입하는 사람들과 같았다. 또한 중소기업은 자금의 여력이 없다. 특히 이제 막 사업을 시작한 대표, 나와 같이 돈도 없고 빽도 없이 사업을 시작한 흙수저 대표에게 온라인 마케팅은 거의 유일한 마케팅 수단이라고 할 수 있다. 블로그, SNS를 활용한 마케팅은 오프라인 마케팅에 비해 훨씬 더 저렴한 비용으로 진행할 수 있을 뿐만 아니라 SNS를 잘할 줄 아는 사람이라면 비용을 아예 들이지 않고도 마케팅을 할 수 있다. 시간과 노력만으로 큰 효과를 거둘 수 있는 거의 유일한 방법이 온라인 마케팅이라고 생각한다.

블로그를 통한 마케팅은 아직 유효하다. 이와 아울러 페이스북 마케팅이 자리를 잡았으며 인스타그램과 쇼핑몰 그리고 블로그를 연결한 판매 기법이 발전하고 있다. 발 빠르게 변화하는 온라인 마케팅 시대에 언제까지 어렵다고 지레 겁먹을 것인가. 돈 없고 빽 없는 흙수저 대표가 할 수 있는 거의 유일한 마케팅 기법은 온라인 마케팅뿐이라는 사실을 잊지 마시기 바란다.

SNS마케팅의 성패를 가르는 것은 양질의 콘텐츠이다. 우리 회사의 특징을 잘 부각할 수 있는 콘텐츠가 무엇인지 궁리해 보자.

6

똑같으면 죽는 세상

온라인 상품판매를 계획한 사람들은 스토어팜, 지마켓, 옥션, 11번가와 같은 '오픈마켓' 판매를 먼저 시작한다. 누구나 쉽게 상품 등록과 판매가 가능하기 때문이다. 과거의 나 또한 그랬다. 하지만 유사한 제품들과 경쟁하기 위해서 막대한 광고비를 들여야 했다. 운 좋게 경쟁에서 승자가 되었다고 해도 경쟁 업체들은 가격을 낮추며 출혈 경쟁을 해왔다. 새로운 아이디어로 제품을 만들어 내면 금세 가격을 낮춘 유사한 제품으로 공격해 왔다. 결국 피 튀기는 가격 경쟁 싸움으로 번졌다.

상황이 이쯤 되니 '판매 채널을 넓혀야겠다'라는 생각을 하지 않을 수 없었다. 그래서 찾은 돌파구는 '폐쇄몰'이었다. 폐쇄몰은 대기업들 중심으로 만들어져 있는데, 기업 소속의 직원들만 접속할 수 있기 때문에, 그곳에 상품이 판매되기만 한다면, 경쟁 업체들의 접근을 막을 수 있었다. 특히 영업사원들만 구매 가능한 폐쇄몰인 '영업몰' 시장은 매력적이었다. 설날과 추석 등 명절 및 기념일 전 매출은 상당했다. 우리는 폐쇄몰 시장을 분석하고 새로운 아이디어를 창출해 냈다. 편의점 제품을 한 번에 통합 배송해 주는 시스템을 만들어 큰 호응을 얻었고 국내 유명 냉동식품들을 규합해 판매하며 인기를 끌었다. 우리 회사는 폐쇄몰 업계에 알려지며 단순한 상품 공급 업체에서 폐쇄몰 전체를 운영 대행하는 업체가 되었다.

하지만 폐쇄몰은 구매자 수가 정해져 있다는 단점이 있었다. 해당 기업의 직원들을 주요 대상으로 하기 때문에 시장의 규모가 정해져 있는 것은 당연했다. 때문에 아무리 노력해도 매출액은 크게 오르지 않았다. 회사의 성장을 위해서는 다른 판매 채널이 필요했다. 사업 개시 2년이 지난 시점이었다. 자금 상황은 빠듯했지만, 도약을 위해서 다시 한 번 투자를 결심했다.

"그래, 새로운 판매 채널을 육성하고 동시에 우리만의 판매 채널과 제품도 만들어 나가자."

가격 경쟁 말고 브랜드의 특징을 살려라

당장 판매 채널을 늘릴 수 있는 방법은 오픈마켓뿐이라고 생각했다. 하지만 출혈 경쟁이 심한 오픈마켓에서 남들이 따라 할 수 없는 판매 방법을 기획하는 일은 그리 쉽지 않았다. 더군다나 우리가 판매해야 하는 제품은 경쟁이 치열하기로 유명한 화장품이었고, 그중에서도 유명한 팩 브랜드였다. 시장 상황을 분석해 보니 자연스럽게 다음과 같은 고민이 앞섰다.

'어떻게 하면 후발주자인 우리 회사가 다른 판매업체보다 더 많이 판매할 수 있을까?'

제품에 대한 분석과 오랜 고민 끝에 나는 결국 해답을 찾을 수 있었다. 화장품 브랜드의 대표님과 협의하여 기존 1kg으로 비닐 팩에 담아 판매되던 제품을 500g으로 나누어 포장하고, 관리와 사용이 용이한 통에 담아 판매하기로 결정했다. 물론 공급가와 판매가가 다소 상승하긴 했지만, 소비자들은 관리와 사용이 용이하게 변경된 제품을 더 선호할 것이라고 판단했다. 이 예상은 적중했고, 해당 제품은 판매 1위 타이틀을 차지할 수 있었다.

하지만 오픈마켓의 경쟁은 말 그대로 치열했다. 우리 상품의 등장으로 판매율이 떨어진 다른 회사들이 일제히 가격을 크게 떨어뜨리며, 불길처럼 맹렬하게 공격해 왔다. 저가 공세에 결국 우리 제품의 판매율은 급격히 떨어질 수밖에 없었다. 하지만 우리는 가격을 낮추지 않았다. 출혈 경쟁을 예측하고 있었고, 또 가격을 함께 떨어뜨리게 되면 모두 죽는다는 것을 경험으로 알고 있었기 때문이다. 대신에 이 팩 제품과 찰떡궁합인 앰플을 새로 개발했다. 그리고 이 앰플을 팩 구매자들에게 사은품으로 증정하며 대대적으로 홍보했다. 팩과 앰플의 시너지 효과가 좋다는 입소문이 퍼지면서 구매자들은 다시 우리의 제품을 찾기 시작했다. 그렇게 다시 1위를 탈환할 수 있었다.

이후 경쟁사들은 판매가를 더욱 낮췄지만 앰플의 매력에 빠진 구매자들은 이탈하지 않았다. 그 이후 현재까지 우리는 이 브랜드의 팩 판매 1위를 기록하고 있다. 경쟁이 치열한 제품은 소비자들이 해당 제품을 왜 그 판매처에서 구매해야 하는지, 그 이유를 만들어 주면 된다. 그리고 그 이유는 소비자들의 욕구를 채워 주는 방식이어야 한다.

이번엔 농림축산식품부 강원도 6차 산업 전문위원 활동하던 때의 일화를 하나 소개할까 한다.

나는 강원도 농민들이 제조한 농산품을 판매하게 되었다. 당시 한 업체가 농부들의 사진을 게재해 정직한 농부의 이미지를 부각시키는 콘셉트로 막대한 판매율을 기록하고 있었다. 다른 농산품 쇼핑몰들은 별다른 차별화 없이 이 콘셉트를 따라 하는 추세였다.

하지만 나는 남들과 같은 제품을 다루더라도 남들이 쉽게 따라 할 수 없는 판매 방법을 개발하고 싶었다. 그러기 위해서는 상품을 부각시킬 수 있는 차별화된 콘셉트를 찾는 것이 관건이었다. 고민을 거듭하던 나는 농부들과 대화를 나누게 되었고 그들의 이야기에 깊이 감동하게 되었다. 정직하고 좋은 제품을 만들기 위해 밤낮을 가리지 않는 농부들의 노력은 사람들의 마음을 움직이기에 충분했다. 이들이야말로 진정한 장인이었다. 나는 그들의 '장인 정신'을 부각시켜 소비자들에 어필하기로 결심했다.

　내가 만난 상품 중에 인제군에 사는 농민 부부의 재래식 된장과 간장이 있었다. 나는 상품 담당자와 함께 이들을 만나기 위해 찾아갔다. 비포장도로를 따라서 한참 산을 오르니 노부부의 집이 나왔다. 된장과 간장을 만드는 작업장은 노부부의 집보다 더 깊은 산골짜기에 따로 위치해 있었다. 노부부는 3대째 같은 방식으로 메주를 띄워 재래식 된장과 간장을 만들어 왔다고 했다.

　"이 밭은 우리밖에 못 올라와요. 이 위로는 집이 한 채도 없거든."
　"그야말로 유기농이란 말이 필요 없는 자연 그대로의 밭이네요."

　한참 동안 생산 과정에 대한 이야기를 나누다가 회사에 전화해 확인할 것이 생각나 휴대폰 화면을 켰는데, '서비스 불가 지역'이라는 메시지가 떴다.

"우리나라에서 휴대폰 통화가 안 되는 곳이 있는 줄 몰랐네요."

"아휴 말도 마요, 여기는 전화도 안 되고, 택배도 안 와요."

상품을 택배로 보내려면 시내에 있는 택배 회사까지 가져다주어야 한다고 했다. 온라인 판매를 하기엔 최악의 조건인 셈이었다. 하지만 나는 곧 이 단점을 장점으로 바꿔 생각해 보기로 했다.

'전화도 되지 않는 강원도 인제군 소치리 마지막집 ○○○○ 재래식 된장'

노부부의 소박한 모습을 담은 사진 한 장과 청정 지역의 이미지를 부각시켜 마케팅과 판매를 시작했다. 아니나 다를까 3대를 이어온 부부의 진정한 장인 정신이 소비자들에게 어필이 되었다. 얼마 되지 않아서 재래식 된장과 간장 분야에서 판매 상위권에 자리를 잡을 수 있었다. 이후 다른 농수산 식품들 또한 농어민들의 장인 정신을 콘셉트로 삼아 인기를 끌었다. 마케팅은 사람의 마음을 움직일 단 하나의 진심에서 출발해야 한다. 브랜드와 진정성 있는 스토리가 만나면, 아무리 불리한 조건이라 해도 소비자에게 사랑받는 제품이 될 수 있는 것이다.

결코 놓쳐서는 안 되는 시장의 변화

나는 매일 아침 포털 사이트에 들어간다. 경제 흐름을 예측하고 싶다면 경제 신문을 매일같이 읽으면 되고, 온라인 시장의 변화를 알고 싶다면 국내 검색 시장의 70% 이상을 장악하고 있는 네이버에 접속하면 된다. 물론 네이버뿐만 아니라 카카오스토리, 밴드, 페이스북, 인스타그램을 통해 SNS와 온라인 시장의 변화와 동향을 읽기 위해 노력한다. 노력이라고 표현했지만, 사실 해당 채널들을 이용하면서 이슈를 체크하는 것이 전부다. 하지만 매일 이렇게 관찰하면 각 채널의 운영 원리를 파악할 수 있고, 새로운 판매 시장과 방법을 결정하는 데 큰 도움이 된다.

예를 들어 네이버가 전자결제 대행사(PG사)인 KCP를 인수하고 N pay(엔페이)라는 자체 결제 시스템을 도입했다면 그 의도를 파악해 보아야 한다. 네이버가 만든 오픈마켓인 '스토어팜'을 이용할 경우 결제 수수료를 3.74%(신용카드 기준/부가세 포함)까지 낮출 수 있다. 지마켓, 옥션, 11번가 등 오픈마켓 수수료가 10%대이고, 백화점 중심의 종합몰 수수료가 20%대임을 감안하면 그야말로 파격적인 조건이다. 또한 자체적으로 운영하는 쇼핑몰에서 N pay 결제를 할 경우, 별도의 회원 가입 필요 없이 기존에 가지고 있던 네이버 아이디로 결제할 수 있는 서비스가 제공된다. 네이버가 이런 서비스들을 제공하는 이유는, 오픈마켓은 물론 개인이나 기업들이 자체적으로 운영하는 쇼핑몰 시장까지 장악하겠다는 의도를 갖고 있기 때문이다. 네이버는 현재 검색시장의 70% 이상을 장악하고 있으며, 이를 기반으로 N pay를 사용하는 쇼핑몰들을 쇼핑 검색 결과 상위에 노출시켜 주고 있다. 쇼핑몰을 운영하는 사람이라면 네이버가 쇼핑 시장 점령을 위해 다각적인 움직임을 보이고 있다는 것을 인식하고, 미래의 변화를 예측해 준비하고 대응해 나가야 하는 것이다.

카카오 또한 카카오톡을 기반으로 새로운 쇼핑 시장을 만들어 가고 있다. 카카오톡 쇼핑 시장의 변화 역시 면밀히 살펴보아야 한다. 인스타그램 역시 변화를 모색하고 있다. 단 하나의 사진만 게재 가능하던 기존과 달리 10장까지 사진 게재가 가능해졌다. 거기에 동영상을 등록할 수 있고 실시간 라이브 방송까지 할 수 있다. 만약 SNS 마케팅에 관심을 두고 있다면 이러한 변화를 유심히 살피고 그 의도를 읽어 낼 수 있어야 한다.

모바일 중심의 판매 기법은 PC 기반의 판매보다 빠르게 변화하고 있다. 네이버 카페를 통한 커뮤니티를 통해서 '공동 구매'라는 이름으로 판매가 활성화되어 왔다. 하지만 모바일 커뮤니티인 카카오 스토리, 네이버 밴드의 등장으로 모바일 커뮤니티가 활성화되면서 공동 구매 시장도 'PC에서 모바일'로 변화했다.

이 변화에 맞춰 우리 회사는 모바일 커뮤니티를 육성하여 50만 명의 회원을 확보해 공동 구매를 운영하고 있다. 현재는 우리와 같이 모바일 공동 구매를 운영하는 기업들과 함께 수백만 명의 회원을 대상으로 판매를 진행하고 있다. 또한 PC 기반의 블로그 판매도 인스타그램과 페이스북을 통한 SNS 판매로 진화시켜 나가고 있다.

세상에 없는 것을 만들어 내기란 매우 어려운 일이다. 하지만 남들과 다르다는 것은 어려운 일이 아니다. 세상에 새로운 것은 없다는 말이 있지 않은가. 현재 인기를 끄는 제품이나 서비스 모두 완벽히 새로운 것은 아니다. 사업, 제품, 서비스를 각각 서로 다르게 융합한 것이 대부분임을 깨달아야 한다. 어렵다 생각해 포기 말고, 일단 자신이 속한 사업의 시장에 관심을 가져 보라. 그리고 그 속의 변화를 읽고, 의도를 파악하고 적용해 보려는 노력을 해 보자. 그렇게 하다 보면 다른 사업 분야에서도 자신의 사업 분야에 접목할 아이디어를 찾을 수 있을 것이다.

기업의 대표라면 자신이 속한 사업 분야의 변화를 읽고, 그 의도를 분석하려는 노력이 필요하다. 시장의 변화에 둔감할 경우 새로운 시도도 할 수 없고, 신속한 대처 또한 하기 어려울 것이다.

대표는 언제나 깨어있어야 한다. 대표의 자세에 따라 기업은 위기의 상황을 마주할 수도, 기회의 순간을 마주할 수도 있는 것이다.

2장

실패를 부르는 일곱 가지 나쁜 습관

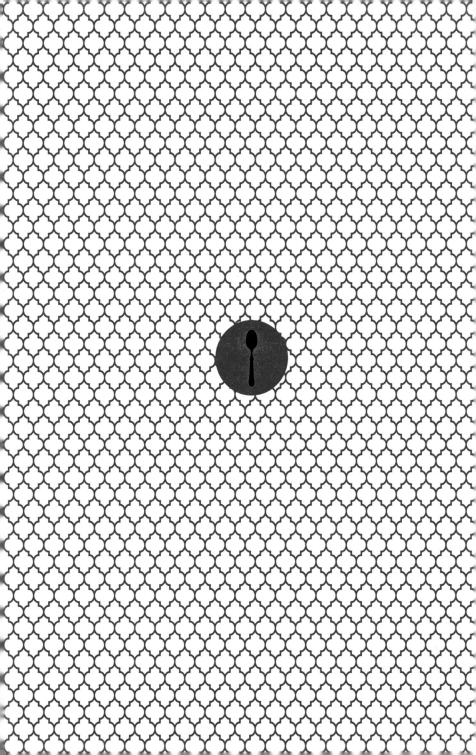

나쁜 습관 1 :

대표이사실에 연연하기

A 회사 일행이 회사에 찾아온 적이 있었다. 일행이 입구 쪽에 있는 직원에게 "대표님을 만나러 왔다"고 이야기하는 소리가 내가 앉은 자리까지 들려왔다. 당시 내 자리는 회사 가장 안쪽 후미진 곳에 있었고, 직원이 손님들을 내 자리 쪽으로 안내했다. 직원들 속에 섞여 앉아 있는 나를 바라보는 A 사 사장의 눈빛이 야릇했다. 다른 일행도 호기심과 궁금증이 뒤섞인 시선을 던졌지만 난 개의치 않았다.

이날의 만남은 A 사가 우리 회사에 상품 판매를 맡기기로 결정을 내려서 최종 계약을 맺고자 하는 데 목적이 있었다. 당시 우리 회사는 온라인 마케팅과 상품 판매 대행을 주업으로 하고 있었다. 계약을 체결하기로 약정한 후 나는 A사 대표에게 자신 있는 어조로 말했다.

2장 실패를 부르는 일곱 가지 나쁜 습관 73

"감사합니다. 맡겨 주신 만큼 잘 진행하도록 하겠습니다."

"잘 부탁합니다."

그날의 미팅은 별탈 없이 잘 마무리되었다. 그런데 다음 날 A 사 직원으로부터 전화가 한 통 걸려왔다.

"저… 저희 대표님이 계약 시 보증보험증권을 요구하시는데요. 발행해 주실 수 있으신가요?"

보증보험증권이란 계약 이행이 되지 않을 경우를 대비해 가입하는 보험을 말한다. 만일의 경우 우리 회사가 A 사의 상품을 판매한 후 상품 대금을 지급하지 못할 경우, 보증보험증권사에서 대신해 상품 대금을 지급하는 것이다. 다시 말해, A사는 우리 회사가 자금 집행이 어려운 건 아닌지 걱정스럽고 의심스러웠던 것이었다.

사업 초기, 사무실 선택의 기준

나는 2평 남짓한 공동 사무실에 네 번째 사업의 첫 둥지를 틀었다. 공동 사무실이란 소규모의 영세한 여러 기업들이 회의실, 탕비실, 복사기 등을 공동으로 사용하는 사무실을 말하며 소호 사무실, 코워킹 오피스 등 다양한 이름으로 불린다. 나는 우리가 둥지를 튼 이 공간이 사업 초기 비용을 아낄 수 있을 뿐 아니라 온라인 마케팅을 주업으로 하는 우리 사업의 최적화된 공간이라고 생각했다. 하지만 이러한 공동 사무실을 사용하던 시기에 거래업체 쪽에서 보증보험증권을 요구하는 경우가 많았다. 그 이유를 모르는 것은 아니었다. 많은 회사들은 거래처와 계약을 맺을 때 거래처의 사업 안전성을 중요시한다. 그래서 회사의 규모나 환경을 보기 위해서 계약 전에 사무실을 방문하는 경우가 많다. 때문에 공동 사무실을 사용하는 우리 회사가 일부 사람들 눈에는 언제 망할지 모르는 회사로 비춰졌던 것이다. 자금 규모가 넉넉하고 사업이 안정적인 상황이라면 손바닥만 한 사무실을 사용할 리 없다고 생각하는 것이다. 하지만 회사의 규모가 꼭 그 회사의 사업 안전성을 보장하지는 않는다.

예전에 우리 회사와 아주 다른 모습의 회사를 운영하는 대표를 만난 적이 있다. 그는 이제 막 회사를 설립한 나의 지인이었고, 회사에 나를 초대해 주었다. 그 회사는 생긴 지 얼마 안 된 회사라고 믿기지 않을 만큼 큰 평수를 사용하고 있었다. 인테리어 비용을 1억 원 이상 투자했다고 말했다. 그도 그럴 것이 회사 내 모든 사무가구들은 유명 브랜드 제품으로 채워져 있었다. 대표이사실은 사무실 내 가장 좋은 곳에 위치해 있었으며, 전체 사무실 면적의 3분의 1이 될 만큼 웅장한 크기를 자랑하고 있었다. 전망 역시 스카이라운지를 방불케 했다. 사무실을 쭉 둘러본 나는 지인에게 물었다.

"사무실 정말 좋네요. 그런데 운영이 되겠어요?"
"이렇게 해야 투자도 받고, 거래처도 우리와 안심하고 거래하지. 사실 좀 무리하긴 했어. 그래도 잘되겠지 뭐."

전부 맞는 얘기이다. 번듯한 사무실, 비싼 가구, 멋진 대표이사실은 사업 초기부터 거래처의 신뢰를 이끌어 낼 수 있다. 잘 갖춰진 외형은 자금력 있고 사업이 잘되는 회사라는 확신을 줄 수 있어, 투자에 관심을 가질 수 있도록 유도하기도 쉽다. 하지만 나와 같이 돈 없고 빽 없는 흙수저라면 사업 초기에 사무실 인테리어와 대표이사실에 많은 비용을 들이는 것은 매우 위험하다. 사업 초기 비용을 크게 상승시키기 때문이다. 만약 주변을 의식해 가진 자금에 비해 사무실과 대표이사실을 화려하게 꾸민 대표라면 다른 비용 또한 과도하게 쓸 확률이 높다. 실제로 주변의 시선을 의식해 사무실 인테리어에 무리하게 투자한 지인의 회사는 1년을 채 넘기지 못했다.

한편으로 작은 사무실을 얻으면 사업이 확장될 때마다 자주 이사를 해야 하는 부담감이 있을 수 있다. 그렇다고 해도 인건비와 임대료는 회사 운영 시 가장 큰 비중을 차지하며 이 비용이 상승하면 지출에 대한 부담이 커질 수 있다. 때문에 하루 앞도 내다보기 어려운 사업 초기에는 사람도, 사무실도 꼭 필요한 만큼의 규모를 유지하는 것이 좋다.

대표와 직원 사이의 담 허물기

내가 대표이사실을 만들지 않는 데에는 한 가지 이유가 더 있다. 직원들과 함께 머물면 사무실 안에서 발생하는 크고 작은 문제를 빠르게 파악하고 대처할 수 있기 때문이다. 특히 창업 초기라면 대표이사실이 없기 때문에 얻는 이득이 더 많다고 생각한다. 초기에는 회사의 성장을 위해 대표와 직원의 구분 없이 함께 발로 뛰며 노력을 기울여야 하는 시기이다. 회사 내에서 많은 아이디어와 정보가 수시로 오가야 하는데, 만약 대표이사와 직원의 공간이 분리되어 있다면 신속한 의사소통이 이루어지기 힘들 것이다. 직원들과 같은 공간에서 있다 보면 직원들의 대화 스킬에 대한 문제도 파악할 수 있다. 직원들이 거래처나 고객들과 나누는 대화를 듣고 잘못된 점을 금방 찾아낼 수 있어 빠르게 개선해 나갈 수 있다. 직원들이 조금 불편하겠지만 회사 초기의 빠른 발전에 도움이 되는 부분이 많다.

솔직히 고백하자면 나도 앞서 사업을 할 때 대표이사실을 만들었다. 사실 따지고 보면 대표이사실을 갖고 싶지 않은 대표는 이 세상에 없을 것이다. 심지어 직장인들도 자신의 방을 꿈꾸지 않던가. 고가의 원목으로 된 책상과 테이블, 가죽으로 만든 넓은 의자는 나와 거래처 사람들을 흡족하게 만들어 주었다. 사람들이 부러워할 때마다 어깨가 으쓱했고 만족감이 들었다. 이런저런 달콤한 말들에 빠져 현장감을 잃어 가고 있다는 사실은 눈치채지 못했던 것이다. 그러던 어느 날 거래처 대표로부터 업무와 관련하여 문제가 발생했는데 왜 해결해 주지 않느냐는 항의 전화를 받았다. 금시초문이었다. 직원들을 불러서 상황을 확인해 보았다.

"그런 문제가 있었는데 왜 나에게 말을 안 해 준 건가요?"
"별일 아닙니다. 대표님이 모르셔도 되는 일이라 말씀 안 드렸어요."
"B 사 대표님이 나한테 연락해 왔어요. 이래도 아무 일이 없는 거에요?"

우리 직원의 실수로 문제가 발생했는데, 대표인 나에게 알리지 않고 수습하려다 보니 시간이 지체되었던 것이다. 심각한 수준은 아니었지만 내가 알았더라면 좀 더 빨리 해결할 수 있는 사안이었는데, 질책을 당할까 두려워 쉬쉬했다는 것을 뒤늦게 알게 되었다. 이런 일들은 때때로 발생했다. 대표와 직원 간의 거리가 멀어질수록 크고 작은 문제들이 야기되었다.

왜일까? 그것은 대표가 현장에서 일어나는 일들을 알 수 없기 때문이다. 현장을 체감할 수 없으면 잘못된 판단을 하게 되는 경우가 늘어난다. 직원을 통해 보고를 받고 결정하는 것과 현장에서 직접 체감한 뒤 결정하는 것에는 매우 큰 차이가 발생한다. 과거의 나는 이런 오판들을 반복했기에 폐업에 이르게 되었다고 생각한다.

세 번의 사업에 실패하고, 칠 년간 직장 생활을 하면서 나는 망하는 대표들을 수없이 지켜보았다. 덕분에 나 자신에 대해서도 돌아볼 수 있었다. 망하는 이유는 다양하겠지만, 사업 초기부터 으리으리한 대표이사실을 갖춘 회사가 잘되는 경우는 찾아보기 어려웠다. 그래서 나는 네 번째 사업의 초기에는 결코 대표이사실을 갖지 않겠다고 결심한 것이다.

"성민아 아직도 대표이사실 없냐?"

"응, 난 대표이사실 없어. 아니 안 만들어."

"비밀스러운 대화를 나눌 때도 있을 텐데 필요하지 않을까?"

"대표이사실 멋지게 만들 돈으로 회의실을 더 멋지게 꾸미고, 비밀스러운 대화는 그곳에서 하면 되지 않을까? 그렇게 하면 직원들까지 이용할 수 있어 좋잖아. 대표만 고객들과 비밀스러운 대화가 필요하진 않을 것 같은데?"

그 누구의 생각이 옳다고 단정 지을 수는 없다. 직원들과 담을 쌓고 지내는 CEO라면 대표이사실이 있든 없든 간에 진짜 소통을 하며 지내기는 어렵다. 직원과의 소통은 대표가 방에 머무르냐 아니냐에 달려 있지만은 않다. 직원들과 터놓고 대화할 수 있는 장을 수시로 만들고, 대표이사라고 고압적인 태도를 취하지 않고 경청하는 자세를 보여 줄 때, 비로소 진정한 소통이 가능할 것이다.

우리 회사에도 언젠가는 대표이사실이 필요한 날이 올 것이다. 하지만 나는 언제나 직원들을 위한 공간을 갖추는 것이 우선이라고 생각한다. 특히 창업 초기에 함께 고생하는 직원들을 대우하고 배려해야 한다. 회사가 직원에게 감사의 마음을 표현하는 방법은 여러가지다. 직원을 위한 공간을 마련하는 것도 그 중 하나다. 대표이사니까 특별한 대우를 받아야 한다는 생각은 지양해야 한다.

대표이사실보다 직원 휴게실

"우와 정말 부러워요. 이 회사에서 일하고 싶네요. 직원 더 안 뽑나요?"

최근 우리 회사에 방문하는 지인들과 거래처 직원들의 반응이다. 우리 회사는 1년 만에 공동 사무실에서 탈출해 15평짜리 사무실로 이전할 수 있었다. 이후 1년마다 25평, 50평, 120평으로 급속히 성장했다. 이처럼 나는 성장에 맞춰 필요한 만큼의 사무실 규모를 선택했다.

2016년 매출액 49억 원을 달성한 우리 회사는, 2017년 6월 한남동에 위치한 3층짜리 주택형 사옥으로 사무실을 이전하게 되었다. 인테리어에 1억여 원을 들였고, 직원들을 위한 공간을 만들려고 노력했다. 부러워할 만한 회의실을 갖게 되었고, 쾌적한 사무실 내부 환경 그리고 2층 테라스에는 편안하게 회의를 하거나 쉴 수 있는 공간을 마련했다. 마당의 감나무가 훤히 보이는 1층은 카페로 꾸며 놓았다. 카페엔 하루 2~300명의 손님이 방문하고 있고, 의류 쇼핑몰 업체들이 찾아와 촬영을 하기도 한다. 해가 지면 감나무에 조명이 수놓아지는데 이 또한 무척 아름답다. 덕분에 회사 마당은 카페 손님뿐 아니라 지나가는 행인의 발걸음을 붙잡으며 동네 셀카 명소가 되었다. 무엇보다도 직원들의 만족도가 높다. 사무실과 회의실이 잘 갖춰져 있어 직원들의 분위기가 좋아졌을 뿐 아니라, 내부에서 촬영 업무가 가능해지니 외부 스튜디오를 따로 갈 필요가 없어 일이 한결 편해졌다고 직원들은 말한다.

사무실을 이전한 후 회사의 매출액은 더욱 증가했다. 2017년엔 120억 원을 돌파했고, 3개의 계열사를 둔 그룹사로 급성장했다. 그럼에도 변하지 않은 것이 하나 있었으니, 대표이사실이 없다는 것이었다. 나는 현재 회계 및 정산팀과 같은 공간 안에서 직원들과 같은 책상을 사용하고 있다. 하지만 불편한 점은 전혀 없다.

나는 어느 회사나 대표이사실을 우선 고려해서는 안 된다고 생각한다. 대표이사의 공간은 반드시 직원의 업무 효율을 높이는 사무 공간의 배치 이후에 생각해야 한다. 회사의 규모와 직원들의 업무 효율을 생각했을 때 과거부터 지금까지 우리 회사엔 대표이사실이 불필요했다. 그동안 사무실을 이전하면서 대표이사실을 없애 버린 적도 몇 번이고 있었다. 사무 공간은 철저히 직원들의 업무 동선을 고려해 배치하고, 대표이사인 나의 자리는 가장 마지막에 정했다. 책상 역시 직원들이 사용하는 것과 같은 것을 사용했다.

"이미 만들어진 대표이사실은 어떻게 하나요?"
나에게 이렇게 질문하는 분들이 있다. 답은 아주 간단하다.
"없애세요."

나의 앞으로의 목표는 규모에 맞는 5층짜리 사옥으로 이전하는 것이다. 각 층엔 근사한 스튜디오와 직원들이 누구의 눈치도 보지 않고 편안히 쉴 수 있는 휴식 공간과 게임 룸을 만들고 싶다. 대표이사실은 그 다음에 생각해 보려고 한다.
다시 한 번 말하지만 전쟁터와 같은 사업의 성공과 실패는 사업 초기에 달려 있다. 회사 내 대표이사실의 유무는 중요하지 않다. 중요한 것은 직원과의 원활한 소통을 통해 회사의 발전을 이뤄 나가는 일이다.

후방에서 보고만 받는 지휘관은 전방의 치열한 전투 상황을 알 수 없어 오판하기 십상이다. 전방에서 직원들을 보살피고 아우르며 돌격해 나가야 한다.

대표의 화려한 '치장'은 직원들 보기에 상대적 박탈감을 느끼게 할 수 있다. 사업이 잘나간다고 해서 그 열매를 대표가 독식해서는 안 된다. 대표이사실을 꾸미는 것만큼 직원들의 휴게 공간에 관심을 갖자.

나쁜 습관 2 :

대표니까
외제차를 타야 한다고?

어느 날, 우리 회사 건물에 주차하려는 1억 원이 넘는 외제차를 바라보며 직원들이 저마다 탄성을 터트리며 한 마디씩 했다.

"와, 진짜 너무 멋진걸."
"저분 요즘 잘나가나 보네."

회사의 대표들이 좋은 차를 타고 다니려는 이유를 보여 주는 단적인 예일 것이다. 대표들이 사무실을 꾸미고 규모를 넓히는 것만큼 신경 쓰는 것이 자신의 업무용 차량이다. 거래를 하다 보면 사무실보다 많이 보여 주게 되는 것이 자동차이기 때문이다. 특히 사업 초기이거나 회사 규모가 작을 때는 회사로 찾아오는 사람들을 맞는 것 보다는 직접 거래처로 찾아가는 경우가 더 많다. 부탁할 일이 더 많기 때문이다. 그래서 대표들은 외제차를 타고 가서 자신의 회사가 자금 여유가 있고 잘나가고 있다는 걸 은연중에 어필하려고 한다. 국산 신차보다 중고 외제차를 선호하는 대표들이 많은 것도 이러한 이유 때문이다.

외제차를 타는 건 회사 대표들뿐만이 아니다. 우리나라의 역대 대통령들도 모두 최고급 외제차를 타고 다녔다. 대통령이 최고급 외제차를 타는 이유는 아마도 국가원수로서의 위상을 나타내기 위함일 것이다. 대통령의 차는 방탄용 차체와 유리는 물론 타이어 펑크 시에도 주행이 가능하여 안전성이 뛰어날 뿐 아니라, 차 안에서도 업무를 보거나 편하게 쉴 수 있도록 각종 편의 장치가 설치되어 있다. 이러한 대통령의 차는 대외적인 신뢰도까지 높여 준다. 그래서 한 국가를 대표하는 대통령의 의전 차량이 수억 원을 넘는 외제차라고 해도 비난하는 사람은 없다.

한 나라의 대통령이 외제차를 타듯 한 회사를 책임지는 대표가 외제차를 타는 것이 어떤가 싶은 사람도 있을 것이다. 물론 외제차를 타는 것이 무조건 잘못됐다고 말하는 것은 아니다. 다만 사업 초기이거나 회사 이익이 좋지 못한 상태에서 회사 대표가 외제차를 타는 것은 금기시 되어야 한다는 것이다. 회사를 생각한다면 외제차를 떠나 국산 최고급 승용차를 타는 것 또한 사치일 수 있다.

외제차를 타면 성공한 것일까?

지인의 소개로 한 업체의 대표가 우리 회사에 찾아온 적이 있었다. 우리 회사에 제품 마케팅과 판매를 의뢰하기 위해 방문한 것이었는데, 1억 원이 넘는 외제차를 타고 왔다. 하지만 웬일인지 그의 눈빛과 행동은 매우 초조해 보였다. 제품에 대한 설명을 모두 듣고 난 후 나는 말문을 열었다.

"식사하고 가시지요. 제가 사겠습니다."

같은 대표로서 조급해 보이는 그의 모습이 안쓰럽기도 했지만, 왜 그렇게 초조해 하는지 궁금하기도 했다. 식사 자리에서 부드러운 분위기로 대화를 유도하니 긴장 상태였던 그의 표정이 다소 누그러졌다. 나는 조심스럽게 몇 가지 질문을 해 보았다.

"대표님! 사업 잘되시나 봐요? 차 좋던데요."
"잘되기는요. 사실 다 빚이에요. 사업 초기 ××보증기금을 통해 빌

린 돈으로 리스한 거죠. 이번 달은 차량 리스 비용도 걱정이지만 직
원들 월급 줄 돈도 부족합니다."

"사업은 해 보셨어요?"

"아니오. 이번이 처음입니다."

"몇 년간 하셨는데요?"

"3년째입니다."

"실례가 안 된다면 매출액을 여쭈어 봐도 될까요?"

"네… 창피하지만 1억도 채 되질 않습니다. 매출이 좀 더 올라야 추
가 대출이 가능하다더군요. 좀 도와주세요."

나는 잠시 그와 나의 상황을 비교하여 생각해 보았다. 당시 나는
네 번째 사업을 시작한 지 4년 만에 매출액이 50억 원에 도달했고, 국
산 그랜저 승용차를 타고 다녔다. 반면 1억 원짜리 외제차를 타고 나타
난 대표는 겉보기와 달리 말과 행동에 초조함이 가득해 보여 안쓰러운
생각이 들었다. 사업을 해 본 적이 없는 초보 사업가들에게서 이러한
외제차 신드롬 현상이 자주 발생한다. 나이가 어린 대표일수록 이러한
성향이 더 강하게 나타나는 것 같다. 성공한 사업가처럼 보이고 싶은
마음 때문이겠지만, 이는 바람직한 현상은 아닐 것이다. 성공한 사람
들이 그 자리에 오르기까지 얼마나 많은 피와 땀을 흘렸을지는 생각하
지 않고 그들의 외면만 좇는 것 같아 안타까울 때가 많다.

"대표님, 직원이 몇 분이세요?"

"네, 두 명밖에 안 됩니다."

"대표님 차량 처분하면 한 명 급여는 줄 수 있겠는데요."

"그렇긴 하죠. 하지만 차를 팔면 다들 제가 망한 줄 알 거예요."

우스꽝스러운 대화라고 생각할지 모르겠지만, 실제로 대부분의 대표들은 회사가 어려워져도 자신의 차를 처분하지 못한다. 사람들의 시선을 의식하기 때문인데, 왜 정작 직원들의 시선은 의식하지 않을까? 그리고 주변 사람들은 정말 회사 대표이사가 어떤 차를 타고 다니느냐에 따라 대하는 태도가 달라질까?

나는 언젠가 페이스북을 통해 '외제차를 타지 말자'는 내용의 글을 게재한 적이 있다. 이 글을 읽은 몇몇 분이 타고 다니던 외제차를 과감히 처분하고 본인 형편에 맞는 국산차로 교체했다. 심지어 국산 소형차로 바꾼 분도 있었다. 그들 중에서는 다음처럼 감사의 인사를 전하는 분도 있었다.

"대표님, 페이스북에 게재하신 글을 보고 느낀 바가 많았습니다. 차량을 교체하고 나니 마음이 얼마나 편안한지 모릅니다. 오히려 주변 사람들이 정신 차렸다고 잘 봐주시고 도와주려 하시더라고요."

외제차를 바라보는 사람들의 시선이 모두 긍정적인 것은 아니다. 오히려 사업 초기에 외제차를 타는 것에 부정적인 시각을 갖고 있는 사람도 많다. 특히 나와 같이 실패 경험이 수차례 있는 대표들은 '저 회사 얼마 못 가겠군'이라는 걱정과 책망이 뒤섞인 생각을 속에 품기도 한다.

사업 초기의 대표들이 나에게 조언을 청할 때가 있다. 그럴 때 나는 대표 본인이 감당할 수 있는 차량을 선택하라고 이야기한다. 감당할 수 있는 차량이란, 회사가 어려워졌을 때에도 회사 비용이 아닌 본인의 자금으로 탈 수 있는 차를 의미한다. 왜냐하면 회사를 운영하면서 가장 부담되는 것이 매월 꼬박꼬박 빠져나가는 고정 지출 비용이기 때문이다. 만약 대표가 허리띠를 졸라매기는커녕 앞장서서 고정 비용을 늘린다면 그 회사의 앞날은 불 보듯 뻔하다. 사업 초기에는 반드시 지출해야 하는 급여 비용을 제외한 모든 고정 비용을 악착같이 아껴야 살아남을 수 있다.

수확한 열매는 함께 누려라

그렇다면 대표가 최고급 외제차를 탈 수 있는 시점은 언제일까?

바로 회사의 순이익금으로 차량을 유지할 수 있는 시점이자, 외제차에 대한 영업적인 목적이 명확할 때이다. 다시 말해 회사의 순이익이 차량에 대한 지출을 충분히 감당할 수준이 되었을 때, 허례허식이 아니라 대표가 외제차를 타는 것이 회사의 이미지 제고에 도움을 줄 때를 말한다. 아울러 대표 자신과 함께 고생한 창립 멤버들의 차량까지 바꿔 줄 수 있을 때여야 한다.

사업이 5년 차에 접어들었을 때 우리 회사는 120억 원대의 매출을 달성하면서 상당한 수준의 순이익을 냈다. 업계에 입소문이 퍼지면서 큰 기업들은 물론 정부 기관에도 우리 회사의 이름이 알려지기 시작했다. 기업과 기업, 기업과 정부와 함께 추진하는 일들이 늘어 갔다. 임원들의 대외적인 활동도 자연스럽게 증가했다. 이때 나는 임원들의 차량 교체가 필요하다고 판단했다. 임원들의 의중을 물어서 그들이 원하는 차량을 시승할 수 있도록 준비했고, 그렇게 우리 회사 임원들은 창업 5년 만에 외제차를 타게 되었다.

대표와 임원은 회사의 얼굴이고, 법인 차량은 그 회사의 규모와 수준을 반영한다. 만약 회사의 자금 상태가 나쁜 데도 과장이나 과시를 목적으로 외제차를 타고 다니면 그것은 문제가 된다. 하지만 회사가 성장세를 보이고 있을 때 대내외적으로 위상을 높이려는 목적이 있다면 반드시 그에 맞는 차량이 필요하다. 앞서 언급한 적이 있지만, 사무실이나 차량을 통해 회사가 잘되고 있다는 이미지를 심어 줄 수 있으며, 그것은 확실히 영업에 좋은 영향을 미친다. 이런 부분은 부하 직원들에게도 긍정적인 요소로 작용될 수 있다. 자신도 회사에 기여하면 좋은 대우를 받을 수 있다는 사실을 알려 주는 것이기 때문이다.

"대표님, 배송을 위해서 냉동 · 냉장 화물차가 필요한데요. 중고차로 알아볼까요?"

식자재 유통을 위해 설립한 케이터링 회사(연회나 파티를 위해 음식, 테이블, 식기 등을 준비해 고객이 원하는 장소로 출장 서비스하는 회사를 말함)의 사업팀장이 물었다. 나는 새 차로 구입할 것을 지시했다. 대표와 임원의 차량뿐 아니라 화물차도 회사를 대변하는 얼굴이라 생각했기 때문이다. 사업 초기라면 모르겠지만 안정기에 접어들었다면 직원의 안전을 위해서라도 신차를 구매하는 것이 좋다.

한 번은 대학 친구로부터 그가 운영하는 어린이 수영장 마케팅 의뢰를 받은 적이 있다. 마케팅 계획 점검차 직접 방문했다. 시설이 대단히 훌륭했고, 교사 1인당 4명의 학생을 넘기지 않는 체계적인 교육 시스템을 갖추고 있었다. 그뿐만 아니라 아이들 머리에 물기를 말려 주는 등 귀가할 때까지 아이들을 케어해 주는 교사가 따로 배치되어 있다는 사실이 놀라웠다. 무엇보다 가장 인상적이었던 것은 깨끗한 학원 차량이었다. 5년 넘게 운영 중인 학원 차량이라고 하기에는 믿기지 않을 만큼 관리가 잘되어 있었다.

"너희 학원 차 참 깨끗하다. 어떻게 관리하니?"

"정기적으로 차량 관리를 하고 있어. 점검을 잘 해야 이용하는 사람들도 쾌적하고 안전하니까 특별히 신경을 쓰고 있어."

이 친구의 사례를 보면 차를 구입했다고 해서 끝나는 것이 아니라는 것을 알 수 있다. 주기적인 점검과 청소 등 차량 관리에 힘써야 한다. 일반 승용차도 그렇지만, 특히 화물차나 다수의 사람을 태우는 차량은 반드시 정기 점검을 받아야 한다. 새 차를 구입해도 관리하지 않으면 금방 망가지고 만다.

나는 타 기업 방문 시 그 회사에 주차된 차량들을 관찰한다. 단순히 외제차와 국산차라는 이분법적인 기준으로 보는 것은 아니다. 대표자의 차는 무엇이며 직원들이 타는 차는 무엇인지 그리고 차량의 관리 상태는 어떠한지 등을 보면 그 회사가 겉보기와 실력 중 무엇을 더 중요하게 생각하는지에 대해 어느 정도 가늠할 수 있다.

나 또한 외제차를 탔을 때 얻을 수 있는 장점이 분명히 있다고 생각한다. 하지만 무리해서 타야 할 만큼의 장점은 존재하지 않는다. 회사의 대표가 꼭 알아 두어야 할 현명한 지출 원칙 중 하나는 바로 필요와 욕구를 구분하는 것이다. 많은 대표들이 외제차를 대표의 필수 조건인 양 주장하지만, 내면을 들여다보면 욕구가 더 강한 경우가 많다. 대표 혼자 타고 다니는 차에 고비용을 투자할 만큼 회사 자금상태가 여유로운지 냉정하게 생각해야 한다. 회사는 겉모습보다 실력이 우선이다. 실력은 말과 행동에서 거래처에 그대로 전달되며 계약으로 성사된다. 그리고 거래를 통해 진정한 신뢰가 쌓여 간다. 외제차를 탄다고 해서 회사가 성공하고 국산차를 탄다고 해서 회사가 실패하지는 않는다는 뜻이다. 매출은 바닥으로 곤두박질을 치고 있는데도 외제차를 타고 자신을 치장하는 대표들이여, 제발 외제차는 팔아치우자! 개멋 부리다가는 폭망할 수 있다.

●

야근으로 인한 문제는
직원 스스로 감당해야 한다

✛

　야근을 좋아하는 직원은 없을 것이다. 그것은 대표의 입장에서도 마찬가지이다. 하지만 회사를 설립하고 나면 가장 먼저 봉착하는 문제가 야근이다. 아마도 야근 없이 성공한 회사는 지구상에 존재하지 않을 것이다. 머릿속에 성공한 기업들을 떠올려보라. 삼성, LG, 애플, 구글…. 지금이야 대단히 세련된 기업 문화를 자랑하지만, 이들도 성공하기 위해서 지독하게 야근을 해야 했다. 물론 지금도 대기업의 야근은 악명이 높다. 워라벨(Work and Life Balance, 일-가정 양립)을 외치는 요즘 시대의 원칙으로 따지자면 직원들의 야근을 줄여 개인 삶의 질을 개선해야 하지만, 자금이 부족한 창업초기의 중소기업에 야근은 성장을 위해 반드시 필요한 요소 중 하나일 수밖에 없다.

회사 설립 후 초기에 야근과 관련된 문제가 발생하기 시작했다. 어느 날 한 직원이 내게 할 말이 있다며 조용히 찾아왔다. 심란해 보이는 직원의 표정에 나는 걱정스러운 마음으로 직원의 말을 들었다.

"대표님, 당분간 야근은 힘들 것 같습니다."

"왜 그래? 집에 무슨 일 있어?"

"집사람이 말이 많아요. 집은 안 돌보냐며….."

사업 초기, 잦은 야근으로 인해 빈번히 발생하는 문제였다. 매우 난처한 순간이 아닐 수 없었다. 흙수저 대표로서 하루 빨리 이익을 내야 한다는 중압감을 가지고 있던 나도 내 가정을 잘 돌보지 못하고 있는 상황이었다. 하지만 직원들에게까지 가정을 돌보지 말고 일에 더 집중하라고 요구할 수는 없는 노릇이었다. 생각해 보면 이 문제는 내가 과거에 직장을 다닐 무렵에 겪었던 문제이기도 했다. 때문에 나는 야근이 필요한 경우 직원들을 소집해 야근의 당위성을 설명해 주었다. 하지만 야근에 대한 문제는 직원들이 이해하고 승낙한다 해도 쉽게 풀릴 수 있는 문제가 아니었다. 직원의 배우자, 부모, 애인이 관련되어 있는 문제였다.

"쥐꼬리 같은 월급에 맨날 야근까지… 차라리 다른 회사를 알아보는 게 어때요?"

허구한 날 늦게 퇴근하는 남편 때문에 고생하는 아내들은 남편의 이직을 권유하기도 한다. 나도 직장인으로 일한 적이 있어서 이러한 사실을 잘 알고 있었다. 때문에 이대로는 안 되겠다는 생각이 들었다. 회사의 운영상 어쩔 수 없이 직원들의 야근이 길어지는 걸 보면서, 야근으로 인해 가정에서 발생하는 문제에도 관심을 가져야겠다고 마음먹었다.

최고급 레스토랑에 직원 아내를 초대한 이유

네 번째 사업의 창립 멤버들은 모두 기혼자였다. 다들 오랜 경력과 풍부한 경험을 가지고 있어 든든했지만, 그들의 가정을 지키기 위해서라도 창업 초반에 빨리 이익을 창출해내야 안정적으로 성장할 수 있다는 것을 인식하고 있었다. 무엇보다 이번 회사를 성공시켜 마지막 회사로 만들자는 공감대가 잘 형성되어 있었다. 우리 회사의 창업 자금은 단 일천만 원뿐이었다. 6개월 내에 이익을 내지 못하면 여지없이 문을 닫아야 하는 팔자였고, 때문에 더욱 열정적으로 일할 수밖에 없었다.

하지만 야근이 장기화되자 현실적인 문제들이 하나둘 나타나기 시작했다. 아내와의 불화에 고민하는 직원들의 모습을 보고 있자니 이대로는 안 되겠다는 생각이 들었다. 직원 모두를 책임지는 대표로서 외면해서도 안 되는 문제였다. 나는 우리 직원과 직원의 가족을 연결할 수 있는 이벤트를 고민했다.

"우리, 가족 모임을 하면 어떨까? 내가 아내 분들께 해줄 이야기가 있어."

멤버들과 상의하여 아내들을 주말 저녁 식사에 초대하기로 했다.

주말이 되자 창립 멤버의 아내분들이 빠짐없이 참석해 주었다. 나는 일단 회사를 둘러볼 수 있게 안내했다. 우리 회사의 첫 사무실은 두 평에 불과한 작은 공동 사무실이었기 때문에 딱히 안내랄 것도 없었다. 창문도 없는 좁은 공간에 놓인 책상 세 개를 본 아내들은 아무 말이 없었다. 나는 사실 내가 일하는 사무 공간을 가족들에게 보여 주고 싶지 않았다. 내 아내는 물론 창립 멤버의 아내분들에게도 보여 주고 싶지 않았다. 하지만 우리의 현재 상황을 있는 그대로 보여 줄 때 비로소 진심이 전달되리라 믿었다.

그렇게 회사를 둘러본 후 사전에 예약해 놓은 분위기 좋은 양재동의 유명 랍스터 레스토랑으로 갔다. 랍스터 회를 시작으로 버터와 칠리소스를 두른 랍스터까지 우리는 한 상 가득 푸짐하게 차려진 코스 요리의 만찬을 즐겼다. 아내들끼리는 육아라는 공통점이 있어서 그런지 서로의 이야기에 푹 빠져 시간 가는 줄 모르는 것 같았다. 코스의 마지막인 디저트까지 모두 먹고 난 후, 나는 비로소 아내들을 향해 말을 꺼냈다.

"요즘 많이 힘드시죠? 어렵게 사업을 시작하다 보니 직원을 더 뽑을 수도 없고, 단기간에 이익을 내려다 보니 야근을 할 수밖에 없네요. 정말 죄송하지만, 앞으로 회사가 안정화될 때까지 저와 저희 멤버들은 조금 늦게 귀가할 수밖에 없을 것 같습니다. 하지만 분명한 건 현재 저희들은 똘똘 뭉쳐 최선을 다해 일하고 있다는 것입니다. 지금의 힘든 시기를 잘 넘길 수 있으려면 가족의 응원과 격려가 많이 필요합니다. 반드시 좋은 모습 보여 드리겠습니다."

아내들은 우리의 창문 없는 작은 사무실을 바라볼 때처럼 아무 말이 없었고, 모두 조용히 각자의 집으로 돌아갔다. 모임 이후 며칠이 흘렀다. 직원들의 표정이 한결 편안해진 것을 느낄 수 있었다. 늦은 귀가에도 아내들의 반응이 달라졌기 때문이었다. 나는 이 경험을 통해 다시한 번 깨달을 수 있었다. 회사와 직원 그리고 직원의 가족은 서로 긴밀히 연결되어 있기 때문에 하나의 운명 공동체로 생각해야 한다. 야근의 문제는 직원 개인뿐 아니라 가족, 친구, 연인하고도 연결되어 있다. 그렇기 때문에 회사의 대표는 야근에 따른 문제를 해결할 때, 가족의 입장도 마땅히 고려해야 한다. 함께 이해하고 노력하면 그 어떤 위기라도 극복해 나갈 수 있다.

우리 회사는 4년 동안 세 번 이러한 모임을 가졌다. 그때마다 회사가 현재 어느 방향으로 가고 있는지 어떤 점을 함께 노력하면 좋을지 이야기하며 궁금증과 불만을 해소할 수 있게 해 주었다. 이런 방법은 비단 직원의 가족들뿐 아니라 직원에게도 긍정적인 영향을 준다. 대표가 먼저 직원의 가족에게 마음 써 주고 배려하면, 직원이 회사와 대표에게 느끼는 신뢰와 애정이 자연스럽게 상승한다. 직원의 마음속에 비록 지금은 고생해도 회사가 성장하면 충분히 보상받을 수 있다는 믿음과 희망이 생기면 능률이 오른다. 물론 대표는 회사가 목표한 대로 성장했을 때 직원의 기대를 충족시켜 주어야 한다. 회사에 대한 신뢰와 애정 그리고 믿음이 있는데 회사를 그만두겠다고 하는 사람은 없다.

회사가 성장하면 직원의 수도 늘어난다. 우리 회사 또한 성장을 거듭하면서 직원이 많아졌다. 그래서 이제는 직원의 애인이나 부모님들을 초청한 행사를 기획하고 있다. 나는 그동안의 경험을 통해 아내의 지원과 격려를 이끌어 내는 일이 회사의 성장에 대단히 중요하다는 것을 깨달았다. 그리고 나는 만약 어떠한 직원이 퇴사를 결심했을 때 그의 배우자나 부모나 애인이 이렇게 이야기할 수 있는 회사가 되기를 바란다.

"당신 왜 그래, 미쳤어? 그렇게 좋은 회사를 왜 그만둬!"

실제로 조금씩 이런 회사가 되어 가고 있다. 더 열심히 일하라고 배우자들이 격려해 주는 회사가 되고 있는 것이다. 이러한 결과는 단순히 가족과 식사 자리를 갖는 것만으로는 이루어지지 않는다. 대표가 먼저 배려하고 존중할 때 비로소 직원도 변한다.

직원의 자발적 참여가 성과를 낳는다

사업 초기 우리 회사에서 야근이 가장 많은 부서는 자사 쇼핑몰을 운영하고 제품을 개발하는 팀이었다. 한 번은 팀장의 요청으로 새로운 업무 프로젝트를 추진해 보기로 했다. 6명을 2인 1개 조로 나누고, 팀별로 안건을 정해 쇼핑몰 운영 방법과 홍보 방법에 대해서 연구하는 것이었다. 팀의 발전을 위해 추진한 프로젝트였으므로 관련 연구는 반드시 퇴근 후에 하기로 했다. 기간은 한 달이었고, 성과를 거두는 팀에게만 포상하기로 했다.

하지만 포상만으로 뭔가 부족하다는 생각이 들었다. 만약 내가 직원이라면 이 프로젝트에 그다지 참여하고 싶지 않을 것 같았다. 그래서 나는 직원들의 자발적인 참여를 이끌어 내기 위해 팀원을 모아 놓고 추가 제안을 했다.

"이번 프로젝트로 인해 회사와 개인 양쪽 모두 발전할 수 있는 결과가 나오길 바랍니다. 업무 시간 외의 시간에 추가로 일을 해야 한다는 부담감을 가질 수 있기 때문에 이번 프로젝트의 참여는 개인의 자율에 맡기겠습니다. 그리고 참여하는 사람에 한해 팀별로 연구비 20만 원을 지원하겠습니다. 연구비로 식사를 해도 좋고, 영화를 봐도 좋고, 박람회에 가도 좋습니다. 각 팀의 친목이나 창의성을 높일 수 있는 일에 사용하면 됩니다. 그럼 우리 즐겁게 연구해 봅시다."

"와~ 정말 마음대로 써도 되는 거예요?"

이 프로젝트가 일이라고 생각하던 직원들 사이에서 웃음이 흘러나왔다. 분명 20만 원이라는 금액은 한 달 가까운 야근에 대한 보상으로는 턱없이 부족하다. 그럼에도 불구하고 직원들은 회사에 자금이 넉넉지 않은 상황을 이해해 주었고, 이 연구비도 기분 좋게 받아들여 주었다. 직원들의 노고에 감사하는 나의 진심이 직원들에게 닿은 것 같았다. 이런 긍정의 반응은 좋은 결과로 이어졌다. 다양한 아이디어가 나왔고, 업무에 반영되어 도움이 되었다.

이렇듯 직장인이라면 누구나 성공하고 싶은 기본적인 욕구와 본인이 소속된 팀에 기여하고 싶은 욕구를 동시에 갖고 있다. 회사는 그 욕구를 시의적절하게 자극해 줄 필요가 있다. 때문에 나는 위에 언급한 사례처럼 직원들의 자발적인 동기유발을 위한 프로모션을 종종 개최하곤 한다. 고정적으로 받는 급여는 시간이 지나면 고맙게 느껴지지 않고 삶의 활력 또한 주지 못하기 때문이다.

'눈에 보이지 않는 야근'을 알아차리는 방법

야근과 관련하여 내가 말하고 싶은 한 가지는, 야근이 꼭 회사에서 하는 것만은 아니라는 것이다. 언젠가 다른 회사의 대표로부터 야근에 대한 생각을 질문받은 적이 있다. 그때 나는 다음과 같이 말했다.

"제가 생각하는 야근의 정의는 매우 폭이 넓습니다. 회사 내 책상에 앉아 있는 것만을 의미하지 않는다는 것이죠. 출퇴근 시 대중교통 안에서 일에 대해 생각하거나, 업무 능력 개선을 위해 학원을 다니거나, 거래처와 친목 도모를 위해서 술을 한 잔 하는 것까지 모두 야근으로 볼 수 있다고 생각합니다. 심지어 퇴근 후 본인의 건강을 위해서 운동을 하는 것도 회사 일의 연장선상에 있는 행위라고 생각합니다. 왜냐하면 개인이 회사 안에서 혹은 밖에서 보낸 모든 시간이 쌓여서 회사 실적에 영향을 미치기 때문이죠. 그렇기 때문에 대표들은 자신의 눈앞에서 직원들이 야근하지 않는다고 해서 서운해 하거나 눈치를 줘서는 안 된다고 생각합니다."

그렇다, 사실 대표가 보고 있지 않은 곳에서 직원들이 어떤 일을 하고 있을지 모르는 일이다. 그렇다면 기왕에 긍정적으로 생각해 보자. 직원이 업무 능력의 발전을 위해 학원을 다니고 있거나, 독서를 통해 자기 계발을 하고 있거나, 우연히 퇴근길에 만난 거래처 사람에게 영업을 하고 있을지도 모르는 일이다. 그리고 눈에 보이지 않는다고 해서 꼭 알 수 없는 것은 아니다. 늘 열심히 일하는 직원은 반드시 대표의 눈에 띄기 마련이다. 성과를 잘 내고, 만약 당장 성과를 내지 못해도 업무상 중요한 역할을 계속 잘 수행함으로써 대표나 팀장 눈에 띄게 된다. 대표이사가 할 일은 눈에 띄는 이런 직원을 놓치지 않는 것이다.

경험에 따르면 신생 회사가 선두 업체를 따라잡기 위해서는 주어진 24시간을 모두 사용해도 부족하다. 시간도 부족하지만 자본이 없는 흙수저 대표는 통상적으로 사업 시작 6개월 만에 이익을 내지 못하면 어려운 상황에 직면하게 된다. 때문에 야근은 신생 회사의 필수 불가결의 조건일는지 모른다. 야근에 동참할 수 있는 창립 멤버와 직원으로 팀을 구성해야 사업의 성공 가능성이 높아진다. 대표는 시기와 상관없이 자발적으로 야근하는 직원들을 주의 깊게 관찰하고, 격려와 지원을 아끼지 말아야 한다.

"저녁 먹었어요? 밥 먹고 일해요."

무엇보다 대표는 직원의 열정에 감사의 마음으로 다가가야 한다. 야근하는 직원들에게 따뜻한 말과 함께 밥 한 끼라도 대접하자. 회사가 이익을 냈을 때는 노력한 직원들과 함께 기뻐하고 반드시 보상하자. 직원의 열정을 이끌어 내고 싶다면 합당한 대가를 제시해야 한다. 능력 있는 직원과 함께 일하고 싶다면 더더욱 그렇다. 최고는 아니어도 최선의 대우를 해 주고 신뢰감을 주는 회사일 때 직원은 자신의 모든 능력을 발휘하고 싶어진다. 회사는 직원들의 희생과 노력 없이 성장할 수 없는 조직임을 절대 잊지 말아야 한다.

나쁜 습관 4 :

대표가 해야 할 일,
하지 말아야 할 일

⊕

"요즘은 믿고 맡길 팀장이 없어요."
"맞아요. 시킨 일이나 잘하면 다행이죠."

"요즘은 생각하며 일하는 직원이 없어. 참 답답한 노릇이야."
"우리 팀도 그래. 누구를 키워야 할지 모르겠어."

앞서 나온 대화는 중소기업 대표들이 모인 자리에서 자주 언급되는 말이고, 뒤이어 나온 대화는 팀장들의 모임에서 주로 오가는 말이다. 두 대화의 의미인즉슨 대표는 믿을 만한 팀장이 없고, 팀장은 믿을 만한 팀원이 없다는 이야기이다. 공통적으로 서로 간의 '불통'과 '불신'이 드러나 있다. 이런 현상은 과거에도 존재해 왔다. 세대교체가 되어도 거듭 반복해 나타난다.

당연한 이야기겠지만 기업의 연혁이 쌓여 갈수록 대표와 창립 멤버들은 나이를 먹는다. 또한 대표와 창립 멤버들이 설립 초기부터 공유한 고생과 경험은 뒤이어 합류한 팀장들과는 완전히 공유할 수 없다. 이런 저런 이유로 격차가 생길 수밖에 없다. 팀장들 역시 새롭게 입사한 직원들과의 세대 차를 좁히기 어렵다. 하지만 손발을 맞춰 나가야 할 사이인데 서로를 배척하고 밀어낼 수만은 없는 일이다. 서로 간의 차이를 인지하고 변화해야 한다. 만약 서로 맞춰 나가려고 노력하지 않는다면, 마음 맞는 팀을 구성하는 것도, 팀과 함께 성공으로 이루는 일도 영원히 불가능할 것이다.

사소한 것 하나까지 다 알아야 한다?

나는 7년간 직장 생활을 하며 많은 일을 겪었다. 다른 부서의 일까지 나서서 도와주었고, 팀원들에게 일을 시킬 때에는 아주 자세히 설명해 주었다. 팀원들은 내가 준 기획서와 매뉴얼대로만 일하면 됐다. 팀원에게 일을 주는 입장이었던 나는 이 업무 방식을 통해 성장할 수 있었고, 상사들에게 인정을 받을 수도 있었다. 하지만 우리 팀에 있던 팀원들은 성장하지 못했다. 내가 이렇게 일했던 이유가 팀원들을 믿지 못해서라는 사실을 그때는 미처 의식하지 못했던 것이다.

이러한 나쁜 습관은 대표가 되어서도 이어졌다. 나는 회사에서 발생하는 모든 업무 진행 상황을 알기 원했고, 아주 작은 결정까지 직접 내리려고 했다. 앞서 언급한 것처럼 사업 초기에는 최소한의 규모로 시작하고, 웬만한 일들은 대표자가 직접 처리하는 것이 좋다. 대표가 사소한 일까지 모두 경험한다면, 나중에 회사 규모가 커졌을 때 직원들의 업무 상황과 고충을 이해하는 데에도 도움이 된다. 다만, 규모가 커져서 해당 업무를 담당하는 직원을 두었다면 그에게 믿고 맡겨야 한다. 하지만 난 그러지 못했고 일일이 간섭했다. 나의 경영 방식은 직원들을 수동적으로 일하도록 만들었다.

"대표님, 휴지 떨어졌는데 구매해도 될까요?"
"대표님, OO 회사에 다녀오려고 하는데 괜찮을까요?"

직원들은 사소한 문제부터 큰 문제까지 모든 의사 결정을 나에게 물었다. 하지만 나는 당시 문제점을 인식하지 못했고, 직원들의 거래처 방문까지 따라다녔다. 나중에 알게 된 사실이지만, 직원을 믿지 못하는 대표들의 행동 중 하나가 직원과 함께 거래처를 방문하는 것이다. 별다른 문제가 되지 않는다고 생각하는 이들도 있겠지만, 직원이나 거래처의 요청이 있거나 꼭 필요한 경우를 제외하고 대표가 거래처에 자주 방문하는 것은 좋지 않은 행동이다. 직원의 능력을 믿지 못한다고 광고하는 것과 다름없다. 거래처 담당자는 당연히 빠른 의사결정이 가능한 대표와의 의사소통을 선호한다. 때문에 담당 직원은 저절로 그 업무에서 밀려나 무기력해진다.

결국 팀장들은 대표자의 결정만을 기다리고, 팀원은 팀장을 무능한 눈빛으로 바라보게 된다. 대표인 내가 팀장과 팀원들을 무능하게 만든 것이다. 나는 여러 번의 실패와 시행착오를 겪은 후에야 이런 나의 경영 방식이 잘못되었음을 깨달을 수 있었다.

직원이 대표를 믿고 따르는 이유

"야! OO팀장 내가 이렇게 하지 말라고 했지?"

회사 대표 중에서는 자신의 감정을 때와 장소 구분 없이 마구 드러내는 유형이 있다. 그들은 자신이 우위에 있음을 상대방에게 인식시키려는 의도를 가지고 있다. 더 나아가 직원을 자신의 소유물로 여기는 경향이 있다. 부모와 자녀 간의 가까운 사이라도 함부로 말해서는 안 되는데 하물며 직원들에게는 더더욱 말을 조심해야 한다.

만약 팀장이 잘못을 저질러 야단을 쳐야 하는 상황이라면, 반드시 팀원들이 없는 곳에서 해야 한다. 팀장이 야단을 맞는 모습을 팀원이 보게 된다면, 팀장의 권위에 타격을 입을 수 있다. 팀장의 권위가 낮아지면 팀원들은 팀장을 무시하게 되고, 그렇게 되면 업무에 지장이 생길 수 있다. 또한, 개인을 두고 보더라도 자신의 잘못이 아무리 무겁다해도 남들 앞에서 꾸지람을 듣고 싶은 사람은 없을 것이다. 같은 잘못을 반복하지 않게 할 목적으로 야단을 쳐야지, 사람의 마음을 다치게 할 필요는 없다.

대표는 팀장의 기를 살려 주기 위해 노력해야 한다. 대표가 아이디어를 줬다고 해도 해당 팀장의 공로로 인정해 주고, 팀장의 실수는 대표자가 떠안아 주기도 해야 한다. 회사의 실무를 담당하는 팀장들은 회사의 중추와 같은 역할을 한다. 팀장이 맡은 역할을 제대로 해줄 때 군건한 회사가 될 수 있다. 때문에 나는 가급적 팀장들에게 칭찬을 많이 하려고 한다.

"OO팀장, 새로운 프로젝트 하느라 고생이 많아요. 요즘 아이디어가 철철 넘치네요."

팀원들 앞에서 팀장을 칭찬하면 팀장은 기가 살고 힘을 얻게 된다.

팀 내 회식비를 주거나 격려금을 줄 때에는 팀장을 통해서 지급한다. 대표이사가 직접 팀원들에게 지급하는 법은 없다. 대표이사가 직원들까지 하나하나 챙기면 팀장은 설 곳이 없어지기 때문이다. 다시 말하지만, 팀장들의 기를 살리고 배려하는 일은 대표가 해야 할 중요 업무 중 하나다.

나는 네 번째 사업을 하면서부터는 가급적 임원과 팀장들에게 많은 권한을 주려고 노력하고 있다. 직원들이 내 도움 없이 능동적으로 일하면서 때로는 실패하기도 하고, 경험을 통해 깨닫는 시간이 필요하다는 사실을 깨달은 것이다. 대표는 속이 답답하고, 매출이 하락해도 그저 묵묵히 지켜봐 줄 수 있어야 한다. 넘어지지 않고서는 잘 걸을 수도, 뛸 수도 없다. 직원의 성장이 곧 기업의 성장으로 이어진다는 사실을 잊지 말고 인내해야 한다.

즉, 회사는 직원의 성장을 위해 아낌없이 지원하고 투자해야 한다. 대표는 이런 투자와 더불어 해야 할 일이 하나 더 있다. 그것은 직원에게 믿음직한 존재가 되어 주는 것이다.

간혹 영업을 담당하는 직원들이 거래처에 갈 때 나에게 동석을 요청을 할 때가 있다. 이런 경우 영업 담당의 영업 기술보다 한수 위의 기술이 필요한 까다로운 거래처를 만나거나 영업 외 다른 분야의 미팅이 함께 포함되어 있을 확률이 높다. 이때 대표는 요청에 응하여 함께 방문한 뒤, 대응법을 직접 보여 줄 수도 있고, 전화 통화만으로 해결이 가능한 업무일 경우 담당자가 함께 들을 수 있도록 스피커폰으로 설정한 뒤, 통화하는 것도 좋은 방법이다.

이렇듯 직원은 대표가 지시하는 사람이 아닌, 자신의 문제를 듣고 해결해 주는 사람이라는 믿음을 가질 때 진심으로 따르게 된다. 이 사실을 깨닫고 난 후 나는 과거 직원들에게 지시만 하던 역할에서 벗어나 직원의 도움 요청에 응답하는 일을 담당하고 있다. 대표에게도 직원에게도 경험이 중요하다. 경험보다 더 좋은 가르침은 없으며 경험을 통해 직원이 성장하면 기업은 더욱더 탄탄해진다.

대표만 할 수 있는 세 가지 일

대표는 회사의 모든 일에 관여할 수밖에 없는 위치에 있다. 하지만 그래도 대표자만 할 수 있는 일을 굳이 꼽으라면 아래 세 가지를 말할 수 있다.

첫째, 자금조달
둘째, 기업 홍보
셋째, 인재 육성

기업은 기본적으로 돈으로 운영되는 조직이며 성장할수록 더 많은 자금을 필요로 한다. 그렇기 때문에 대표가 해야 할 첫 번째 일은 기업 성장에 맞춰 안정적인 자금을 조달해 오는 것이다. 자금이 부족해 좋은 기회를 놓치고 어려움에 직면하는 중소기업이 매우 많기 때문이다.

둘째는 기업을 세상에 알리는 일이다. 기업이 알려지면 영업 활동을 하기가 편해지며, 신규 직원을 채용하기도 쉬워진다. 그렇기 때문에 기업 이익의 일부는 반드시 기업 홍보를 위해서 사용해야 한다.

마지막으로 대표는 인재 육성에 책임 의식을 가져야 한다. 대표를 비롯한 창립 멤버와 현재의 핵심 인력들은 나이를 먹어 갈 것이고 현업에서 물러날 수밖에 없게 된다. 따라서 기업의 지속적인 성장과 영속성을 위해서는 반드시 좋은 인재를 육성해 나가야 한다.

초보 대표 시절 나는 이 세 가지 중 무엇 하나 제대로 해내지 못했다. 오직 일만 했다. 내가 일을 해야 회사가 산다고 생각했다. 이제 와 생각해 보니 아주 무지한 생각이었다. 회사를 생존을 책임지고 있는 것은 대표가 아닌 직원이었다. 대표는 직원이 자신의 몫을 잘 감당할 수 있도록 문제를 해결하고, 지원해 주는 역할을 해야한다. 대표는 직원들이 책임질 수 없는 일과 대표자만이 할 수 있는 일을 찾아야 한다. 내가 지금하고 있는 일이 직원이 해야 할 일은 아닌지, 직원의 일을 가로채고 있는 것은 아닌지 되돌아보아야 한다. 하지만 이런 나의 주장에 다음과 같이 되물을 수도 있다.

"정말 팀장들에게 전적으로 일을 맡겨도 될까요?"

이 질문에 대한 정확한 답은 없다. 직원에게 얼마만큼의 몫을 배정하느냐는 대표자가 가지고 있는 사업의 목적에 따라 달라질 수 있기 때문이다. 나는 사업의 목적을 사업의 목적을 '장기간의 생존'에 두고 있다. 즉 내가 은퇴한 후에도 생존할 수 있는 기업을 만들고 싶다. 이러한 목적에서 본다면 팀장들의 역할이 대단히 중요하기 때문에 그들이 스스로 결정하고 추진할 수 있는 능력을 키워 주어야 하는 것이다. 그래야 대표가 없어도 장수할 수 있기 때문이다.

반면 대표자 본인이 모든 지시와 의사결정을 하고 팀장과 팀원들은 따르기만 하는 회사는, 대표가 없어지면 망할 가능성이 매우 높다. 대표자 본인이 있을 동안에만 사업을 영위하고자 하는 회사는 기업으로서의 비전이 없다. 그리고 비전이 없는 회사는 직원들의 지속적인 이탈이 생길 수밖에 없다.

직원들이 자발적으로 일하는 회사만이 오랫동안 살아남을 수 있다. 대표가 직원의 성장을 도우면, 그 직원이 회사를 성장시킨다.

●

나쁜 습관 5:

'갑과 을' 관계의 원칙에 순응하기

⊕

'노을'이라는 회사가 있다. 해가 뜨거나 질 때 하늘이 붉게 물드는 것을 의미하는 것이 아니다. 'NO 乙(을)' 즉 '을이 아니다'라는 뜻이다. 요즘처럼 갑질이 난무하는 세상에 참으로 의미심장한 회사 이름이다.

언젠가 갑질 사건이 문제가 되었을 때 프랜차이즈를 운영하는 친구들이 환호성을 외쳤다. 이른바 '갑질 사태'가 언론에 대대적으로 보도되는 동안 본사가 몸을 사리고 가맹점에 대한 검열을 하지 않았기 때문이다.

"요즘 같으면 가맹점도 할 만해. 새파랗게 젊은 놈들이 본사랍시고 나와서 도움은 안 주고 지적질만 하는데, 대들 수도 없고 참는 것도 한계가 왔었는데 말이지."

기업과 기업이 거래 관계에 있을 때 누군가는 갑이 되고 다른 누군가는 을이 된다. 힘의 논리를 기반으로 한 갑과 을 관계는 구조적으로 상생이 불가능한 관계이다. 갑은 자신의 우월한 위치를 고수하려고 하고, 을은 자신의 불리한 입장을 잘 알기 때문에 자세를 낮춘다. 이러한 관계는 갑이 절대적으로 유리한 것처럼 보이지만, 실상은 그렇지 않다. 갑이 우월한 지위를 이용해 자신에게 유리한 조건만 강요하면 을의 최선을 이끌어 낼 수 없고, 그런 결과물이 갑에게 도움이 될 리 없다. 철저히 주고받을 것만 주고받고 끝나는 관계에서, 뛰어난 성과를 기대하기는 어렵다. 갑과 을이라는 상하관계를 떠나 양자가 최선을 다할 때, 좋은 성과를 도출해 낼 수 있다.

나는 사업을 할 때, 내가 갑이든 을이든 간에 당면하고 있는 상황을 넘어서야 한다고 생각한다. 갑과 을의 관계의 원칙에 순응하고 따르기만 해서는 원하는 결과를 만들어 낼 수 없다. 무엇보다 갑과 을을 떠나 동등한 관계일 때 비로소 진정한 상생이 가능하다.

'누이'가 좋으면 '매부'도 좋아야 한다

우리 회사는 상품 판매를 대행하는 일을 하기 때문에 상품의 포장

및 택배 발송 업무가 많다. 비용 절약을 위해서 3년여 동안 사무실 한 편에서 택배 포장을 해 왔는데, 회사가 커질수록 발송 물량이 늘어 갔다. 하루 발송 건수가 1천 건 이상이 되자 한계에 부딪쳤다. 택배 박스가 복도에 가득했고 심지어 복도와 화장실을 막아 버리기 일쑤였다. 문제는 이것만이 아니었다. 정해진 택배 시간 안에 배송을 하려면 나뿐만 아니라 전 직원이 달라붙어서 택배 포장을 도와야 했다.

결국 여러 문제를 해결하기 위해서 물류 보관 및 발송을 대행사에 일임하기로 결정했다. 비용적인 측면을 고려하면 직접 물류 센터를 운영하는 것이 더 나았지만, 그렇게 되면 물류 센터 관리에 신경을 써야 했기 때문에 보다 효율적인 방법을 선택했다. 우리 회사의 물류 업무를 맡아 줄 대행사를 꼼꼼히 따져 선정했다. 그리고 회사 제품에 대한 재고와 물류 관리에 만전을 기해 달라는 의미로 물류 센터 내 관리 인력에 대한 인건비를 지원하기로 했다.

내가 인건비를 지원하는 것에 대해 '굳이 그럴 필요가 있나'라고 생각하는 사람도 있을 것이다. 하지만 이러한 결정을 내린 이유는 내가 소셜커머스 물류센터 이사로서 재직한 경험에 따른 것이었다. 물류센터는 밤낮없이 막대한 양의 택배물류를 처리하지만 이익은 박했다. 예를 들어 의류의 경우 사이즈, 색상별로 나누어 보관 및 재고관리를 해야 해서 세심한 관리가 필요했다. 다시 말해, 일일이 사람 손을 거쳐야 하는 일인 것이다. 하지만 거래처들은 이러한 점을 감안해 주지 않는다. 거래처가 늘어나고 택배량이 많아질수록 물류 센터의 일은 훨씬 더 힘들어지는 반면에 거래처들은 거래량이 늘었으니 물류 단가를 낮춰 달라고 요구한다. 절대 약자인 물류센터 운영사들은 거래처가 요구하는 부당한 제안을 받아들일 수밖에 없다. 나는 이러한 점을 잘 알고 있기에 우리 제품에 좀 더 많은 관심을 가져 달라는 뜻으로 인건비를 지원하게 된 것이다.

이외에도 물류 센터에 한 가지 도움을 더 주었다. 물류센터의 상황을 파악해 보니 물류 센터 역시 자체 제품을 만들어 판매하고 있었다. 하지만 판매가 잘 이루어지지 않아 재고량이 상당했다. 그래서 나는 이 재고 상품을 판매하는 일을 맡아준 것이다. 실제 수만 개에 달하는 재고를 판매해 주었다. 결과적으로 물류센터 대표님은 재고를 처분할 수 있어 좋고, 우리는 판매 상품이 늘어서 좋았다.

1년여 시간이 흐르고, 우리 회사의 물류 보관 창고는 한 개에서 두 개로 늘어나게 되었다. 물류센터의 창고 비용이 부담이라는 소식을 전해듣고, 창고비용의 일부를 부담하기로 결정했다. 그리고 이런 결정들이 쌓여 물류 회사와 우리 회사 간의 신뢰가 형성되었다. 물류 회사 대표님은 회사 내 가장 유능한 직원에게 우리 회사의 물류 관리를 맡기는 등 각별히 신경 써 주고 계신다. 이런 상생의 자세를 통한 관계 형성은 다른 거래에 있어서도 마찬가지이다.

일례로 우리 회사에 물품을 공급해 주는 공급사와 거래를 할 때 나는 다음과 같은 말을 건넨다.

"대표님, 제품이 정말 좋아서 판매해 보고 싶습니다. 온라인 마케팅도 저희가 진행하도록 하겠습니다. 혹시 판매가 안 되시더라도 저희 자체 커뮤니티 회원만 50만 명이고 협력사들 회사도 많이 있으니 제품 홍보는 되실 겁니다. 단순히 상품 판매를 대행하는 회사로 보지 마시고 대표님 회사를 돕는 회사라고 생각하시고 좋은 가격 부탁드립니다."

대부분의 상품 판매대행 회사는 물품 공급처에 무조건 싼 공급가를 요구하는 경우가 많다. 하지만 나는 우리 회사에 상품을 공급해 주는 분들과 가격을 흥정하고 손익에 따라 거래하는, 그런 단순한 관계를 맺고 싶지는 않았다. 나는 우리 회사가 좋은 상품을 좀 더 가치 있게 만들어 주는 회사가 되기를 바랐다. 그것이 다른 상품 판매 대행사와 차별화된 전략이라고 판단했다. 때문에 나는 네 번째 사업과 동시에 블로그 마케팅, SNS 홍보, 언론 보도, 방송 노출 등 온라인 마케팅을 직접 할 수 있는 역량을 갖춰 왔다. 중소기업들이 가장 어려워하는 마케팅 분야를 지원하고 이익을 창출하여 양사 모두 윈-윈(win-win) 할 수 있게 하겠다는 전략이었던 것이다. 실제로 온라인 마케팅에 대한 대부분의 비용을 우리 회사가 부담하거나, 필요한 경우 정부 기관들의 지원을 이끌어 내 주니, 상품을 공급하는 회사들은 이런 우리 회사의 서비스에 만족해 했다.

우리 회사는 그렇게 세상에 조금씩 알려지게 되었고, 농림축산식품부와 산업자원부 산하 기관이나 대학들로부터 온라인 마케팅과 판매에 관한 강의를 하게 되었다. 이 강의를 계기로 기관들로부터 마케팅, 판매에 대한 도움 요청을 많이 받았다. 정말 많은 중소기업들이 마케팅과 판매에 관해 실질적인 도움을 받고 싶어 한다는 사실을 깨달았다.

나는 우리 회사와 거래를 하는 모든 기업이 상생의 관계가 되길 노력한다. 그러기 위해서는 도움이 필요한 상대에게 먼저 도움을 주어야 한다. 진정한 상생관계는 상대방을 도울 수 있을 때 형성되기 때문이다. 베풀면 베푼 만큼 다시 되돌아오기 마련이다. 인지상정(人之常情)은 바로 그런 것이다. 때문에 '누이'가 좋다면 당연히 '매부'도 좋아야 한다.

중소기업을 살리는 상생정신

우리 회사는 상품판매 대행업으로 처음 시작했고, 5년 차를 맞는 시점부터 본격적으로 화장품, 가구, 식품 등 자체 브랜드를 제조하며 온라인 판매는 물론 오프라인 직영 매장도 운영하게 되었다. 우리 회사가 직접 공장을 운영하는 것이 아닌 각 분야의 제조사들로부터

OEM(original equipment manufacturing; 주문자가 요구한 상품과 상표로 생산하는 방식으로, 주문자위탁생산이라고 한다) 방식으로 위탁하여 제품을 제조했다. 여러 공장들과 거래를 하면서 자연스럽게 공장 운영의 어려움을 실감할 수 있었다. 한 번은 우리 제품을 생산하고 있는 제조사 대표님으로부터 다급해 보이는 전화 한 통을 받았다. 한 업체가 결제일을 어겨서 급하게 자금이 필요하게 되었다는 내용이었다.

"죄송한데, 이번에 출고한 제품대금 좀 빨리 입금해 주시면 안 될까요? 급하게 자금이 필요해서요."
"네, 대표님 그렇게 할게요."
"아유 감사합니다. 지난번 결제도 빨리 해주셔서 감사했습니다."
"별말씀을요. 겨우 며칠 빨리 드린 건데요."
"감사한 일이지요. 요즘은 다들 어려우니 이런 부탁하기 쉽지 않아요."

이따금 이런 내용의 전화를 받게 된다. 나는 이런 부탁이 들어올 때마다 거절하지 않았다. 별것 아닌 일인 것 같지만 이후부터 제조사들은 우리의 요청을 적극적으로 수용해 주었고, 제품 개발에도 보다 노력해주고 있다. 이렇듯 서로 어려울 때 도움을 주고받으면 관계가 달라진다. 진짜 상생 관계가 되어 가는 것이다.

체급이 다른 대기업이나 중견기업을 상대할 때 중소기업의 힘은 너무나 미약하다. 대기업을 상대하는 중소기업 제조사들은 아직도 '하청업체'라는 '을'의 입장에서 벗어나지 못하고 있다. 대기업은 갑과 을의 관계를 굳히는 방법으로 회계감사를 이용하기도 한다. 업계에서는 갑으로부터의 '회계감사'를 세무조사보다 더 무서운 조사로 여긴다. 업체 간의 회계감사라니, 정말 황당한 일이지만 실제로 이런 일이 벌어지고 있다. 상대 기업이 자신들로 인해 얼마나 많은 이익을 내고 있는지 조사하고 이를 근거로 단가를 조정하겠다는 의도인 것이다. 이런 부당한 처사에도 '을'은 '갑'과의 압도적인 힘의 차이 때문에 거부할 수 없는 것이 현실이다.

해외 대기업이 자신의 부품을 생산하는 국내의 한 공장에 생산 설비 증설을 위해 투자했다는 기사를 본 적이 있다. 투자는커녕 공장을 증설하지 않으면 거래처를 바꾸겠다고 엄포를 놓는 우리나라의 기업 문화와는 사뭇 다른 모습에 당시 나는 충격을 받았다.

그렇다, 상생은 서로를 이해하고 돕는 데서 시작한다. '갑'과 '을'로 나뉘어 한쪽이 한쪽을 누르고 강요하는 관계가 아닌 서로 대등한 자세일 때만 상생이 가능한 것이다. 특히 중소기업일수록 상생정신이 필요하다. 어려울 때일수록 중소기업이 서로 힘을 합쳐 상생할 수 있는 방안을 연구해야 한다.

인플루언서를 통해 영향력 확대하기

최근 인플루언서(Influencer)들이 각광을 받고 있다. 인플루언서란, 인스타그램이나 페이스북 등 SNS를 운영하는 일반인들 중 팔로워가 수만 명에서 수십만 명에 이르러 유행을 선도하는 사람을 일컫는다. 이들은 주로 뷰티, 패션 분야에서 두각을 나타내고 있으며, 상품에 대해 직접 마케팅하고 판매까지 한다. 이렇다 보니 대기업들도 유명 인플루언서들과 협업을 하고 있다. 예전에 대기업들이 파워블로거들을 섭외해 온라인 마케팅을 하던 방식과 유사하다고 보면 된다.

일찍이 이러한 변화를 인식하고 있던 나는 조금 다른 방식으로 인플루언서들과 소통하고 싶어졌다. 단순한 거래 관계를 넘어서고 싶었기 때문이었다. 나는 일전에 블로거 커뮤니티를 만들 때도 그랬다. 파워블로거보다는 새로운 블로거들을 발견하는 데 더 노력을 기울였다. 마케팅 포인트를 정확히 이해하면서도 표현력이 좋은 성장 가능한 블로거들을 찾아 제품을 지원했다. 그들의 성장을 꾸준히 응원하고, 지원하며 소통했기 때문에 방문자가 수천 명에서 수만 명이 되어 큰 수익을 창출하는 파워블로거가 된 다음에도 좋은 관계를 유지할 수 있었다. 나는 이런 경험을 발판 삼아 인플루언서들과의 관계에서도 신뢰를 우선시 했다. 덕분에 성장 가능한 유망한 분들을 발굴하고 SNS에서 필요한 사진과 동영상 촬영 등을 도우며 상생 관계를 형성할 수 있었다.

하지만 대부분의 사람들은 도움을 주기보다는 도움을 받으려고만 한다. 그러다 보니 스스로 '을'의 자리로 찾아가게 된다. 그보다는 자신의 사업 분야에서 파트너들을 도울 방법을 고민할 필요가 있다.

누군가 내게 다음과 같이 질문했고, 나는 답했다.

"저희는 제조사인데 어떻게 도울 수가 있나요?"

"국내에서 불량률이 가장 작은 제조사가 되고, 고객사들이 요청하기 전에 앞서 제품 개선 방안을 제안할 수 있는 기업이 된다면 어떨까요?"

절대적인 '을'의 입장이라고 해서 과연 도울 것이 없을까? 나는 도움을 주지 못하는 기업은 없으며, 도움을 주지 못하는 기업은 장기간 생존할 수 없다고 생각한다. 다시 말해, 절대 갑의 위치를 고수하는 것이 회사에 덕이 되는 것도 아니고, 을이라고 해서 영원히 불리한 것도 아니라는 것이다. 때문에 갑과 을의 입장 그 어디에 있더라도 자신의 파트너를 돕고 상생할 수 있는 방법을 반드시 고민해야 한다.

밤새도록 문서 만들기

⊕

　10여 명 내외의 작은 기업들이 대기업의 문서나 결재 시스템을 따라하는 경우가 있다. 대부분 중견기업이나 대기업 출신이 독립하여 사업을 시작할 때 발생하는 현상이다. 과연 바람직한 것일까?

　대기업의 시스템은 수많은 직원을 관리하고 통제하기 위한 것이다. 시스템 속을 들여다보면 문서 즉 각종 보고서들이 즐비하다. 원거리에 있는 지점이나 해외지사에서 본사에 보고할 때 매우 편리한 시스템이다. 또한 본사에서도 여러 지점의 업무 진행 사항을 확인하고 통제하기 편리하다. 하지만 중소기업은 이런 시스템이 맞지 않는다. 직원 수가 많지도 않고 원거리의 지점이나 지사를 통제할 일도 없다.

　중소기업은 대기업에 비해 상대적으로 규모가 작다. 이를 단점으로만 생각할 것이 아니라 장점으로 전환하여 빠른 의사결정과 기동성을 확보할 필요가 있다. 얼마 안 되는 직원들을 문서 작업에 매달리게 하면 현장에서 뛸 손이 부족할 수밖에 없다. 때문에 중소기업에서는 문서관리가 특히 더 중요하다. 다시 말해, 문서에 너무 치우쳐서는 안 되지만, 그렇다고 필요한 문서들까지 배제해서는 안 된다는 것이다. 그렇다면 중소기업의 문서관리는 어느 정도가 적당할까?

불필요한 문서 대신 스마트폰 결제시스템 도입

나는 군대에서 인사장교를 할 때 수많은 문서를 접했다. 매일, 매주, 매월, 매분기, 매반기, 매년 그리고 수시로 문서들이 만들어졌다. 이토록 많은 문서가 과연 필요한가에 대한 의문이 계속되었지만 군대의 특성 상 시키는 대로 계속 문서 작업을 할 수밖에 없었다. 그렇게 수많은 인쇄물과 복사물들이 내 손에서 그리고 다른 사람들 손에서 끝없이 생성되었다. 하지만 전역 후 입사한 기업에서도 마찬가지였다. 단지 A4용지를 낭비하지 않고, 전자결제 시스템이나 이메일을 이용해 보고하는 것만 달랐을 뿐이다.

이후 사업을 하면서 만난 중소기업 거래처들도 제안서 등의 문서를 요구해왔다. 회사 안에서도 마찬가지였다. 나 역시 부하직원들에게 문서를 통해 보고를 받았다. 그렇게 또 다시 기업의 문서에 익숙해졌다. 내 책상에는 각종 보고서와 문서철 30여 종이 꽂혀 있었다. 여행을 마치고 나면 사진이 남듯 회사생활을 마친 내게 남는 건 결국 문서뿐일 것 같은 생각이 들었다.

그래서 나는 네 번째 사업을 시작하며 문서를 없애기로 결심했다. 10년 넘게 문서에 길들여졌기에 쉽지 않은 결정이었지만, 중소기업을 운영하며 업무에 효율을 높이려면 문서부터 없애야 한다고 생각했기에 회계와 관련된 법적 서류와 영수증 등을 제외하고 문서를 만들지 않았다. 내 생각은 맞았다. 문서에서 자유로워지니 업무 속도가 빨라졌다. 예전 같으면 PC를 구매하더라도 견적서를 첨부한 구매 품의서를 작성해서 보고하고 결재를 받는 것이 당연했지만, 지금은 구두로 구매 사양과 가격을 보고하고 승인을 받거나, 온라인 쇼핑몰에서 직접 확인하고 승인하는 방식으로 바꾸었다.

"오늘까지 결제해 주기로 하셨는데 입금이 안 되서 전화 드렸습니다."
"죄송합니다. 오늘 대표님이 안 계셔서 내일 확인해 보겠습니다."

위의 대화처럼 대금 결제를 해주기로 한 날임에도 대표가 부재중이라는 이유로 결제를 미루는 회사들이 있다. 물론 이 회사는 형편이 어려워 거래처의 대금을 차일피일 미루는 회사는 아니다. 다만 이 회사는 자금 결제 뿐만 아니라 모든 결정을 대표가 직접 하는 중소기업인 것이다. 요즘같이 무선통신이 발달한 세상에도 아직 대면보고를 고집하는 대표들이 있다.

직장 생활을 하면서 상사의 결재를 기다리다가 늦는 경험은 누구에게나 있을 것이다. 나 역시 경험해봤기 때문에 잘 알고 있다. 중소기업들의 이런 느린 업무 진행은 직원들의 의욕은 물론 창의력까지 떨어뜨리는 경우가 많다. 때문에 나는 직원들에게 빠른 업무 진행을 강조한다. 생존은 속도에 달려 있다고 해도 과언이 아니다. 몸집이 가벼운 중소기업이 대기업과 경쟁해서 살아남을 수 있는 방법 중 하나는 바로 신속함이다.

빠른 업무 진행을 위해 우리 회사에서 시행하고 있는 것 중 대표적인 것이 '카톡 보고'다. 각 업무담당자들끼리 단톡방을 만들어 업무를 공유하고, 부서장은 물론 대표인 나에게 보고할 때도 카톡으로 보내도록 하는 것이다. 내가 회사에 없을 때 회계 담당자는 오늘의 입출금 예정사항을 카톡으로 보내온다. 이와 같은 빠른 의사결정은 내부 직원에게만 국한하지 않는다.

"OO제품 내일부터 판매 진행합니다. 가격은 부가세 포함이며 공급단가는 10,000원, 택배비는 건당 2,500원입니다. 대금결제는 당월마감 익월말일 결제입니다. 위 조건으로 진행하면 되겠죠? 답변

부탁드립니다."

"네, 맞습니다. 잘 부탁드립니다."

온라인 상품 판매를 대행하는 우리 회사의 업무 속도에 대해 감탄하는 거래처 대표들이 많다. 상품 제안 하루 이틀 만에 판매가 진행되는 경우가 많기 때문이다. 이처럼 빠른 진행이 가능한 가장 큰 이유는 계약서를 주고 받는 데 시간을 쓰지 않고, 카톡 문자로 거래에 꼭 필요한 사항만 바로 바로 주고 받기 때문이다. 계약서는 지속적인 판매가 이루어질 경우 체결해도 늦지 않다. 제품을 공급하는 업체도 하루라도 빨리 판매진행을 해주기를 바란다는 것을 잘 알고 있기에 선택한 방식이다. 물론 서면 계약서를 작성하지 않는 것에 대한 부담감이 있을 수도 있다. 그래서 문자로 거래 조건에 관한 내용을 근거를 남겨놓는 것이다. 문자 메시지도 계약서와 같은 효력을 갖고 있기 때문이다.

기획서 없애면 아이디어가 넘친다

"혹시 요즘 할 일이 없나요?"

나는 기획서를 만들어 오는 직원에게 이렇게 이야기한다. 기획서를 만들지 말라는 뜻이다. 회사에서 새로운 프로젝트를 진행하려고 할 때 기획서를 작성하는 것이 일반적이다. 대표들은 대부분 자신이 모르는 내용을 기획서에 담아 미리 보고해주기를 바란다. 바쁜 대표들의 마음을 모르는 것은 아니지만 이렇게 되면 업무의 속도가 느려지게 된다. 그래서 나는 기획서를 없앴다.

대부분 구두로 기획 회의를 진행하며, 필요한 자료가 있으면 모니터에 띄워 공유하도록 한다. 이때 가공되지 않은 상태의 자료를 사용하는데, 인터넷 검색을 통해 조사한 자료인 경우 인터넷 창을 띄워 검색한 결과 그대로 띄워놓고 회의를 진행한다. 디자이너들은 디자인 시안 작업 전에 참조할 만한 디자인이나 질감을 모니터에 띄워 놓고 이해하기 쉽도록 회의를 진행한다. 필요한 경우 손으로 그린 대략적인 스케치 도안을 보여주기도 한다. 회의를 위한 준비를 최소화하는 것이다.

나 또한 직원들에게 업무 지시를 할 때 나의 생각을 손으로 적거나 그려서 전달하는 경우가 대부분이다. 기획 회의란 의사소통을 위한 수단이지, 보여주기 위한 목적이 되어서는 안 된다는 것이 나의 생각이다.

"기획서를 만들지 않는 것이 버릇이 되면 거래처에 줄 제안서를 만들 때 어렵지 않나요?"

"제안서 요구하는 곳과 거래 안하면 되죠."

나의 업무방식을 염려하는 대표들에게 농담 삼아 이렇게 답한다. 이렇게 말할 수 있는 이유는 내가 그동안 정말 많은 기획서를 만들어 왔기 때문이다. 그렇기에 더더욱 얼마나 많은 기획서들이 실체화되지 못하고 그대로 사장되는지 잘 알고 있다. 만약 상대 회사에 전달할 기획서가 반드시 필요하다고 생각하는 경우엔 군더더기 없이 딱 필요한 내용만 기술해 제출한다. 심지어 대기업에 제출하는 제안서라 할지라도 될 수 있는 한 표지를 제외하고 세 페이지를 넘지 않도록 한다. 내 경험으로 비추어볼 때 제안서는 분량이 중요한 것이 아니다. 부연 설명이 필요한 부분은 발표할 때 이야기하면 된다. 제안서 안에 핵심적인 내용이 담겨 있다면 짧은 분량의 제안서로도 거래는 충분히 성사된다. 어차피 통과되지 않을 제안서라면 길게 쓴다고 해서 통과되지는 않는다.

기획서가 없는 우리 회사의 아이디어 회의는 아주 활발한 분위기 속에서 진행된다. 기획서를 없앴더니 직원들이 보다 많은 아이디어를 쏟아내고 적극적으로 일했다. 왜 그럴까? 그 이유는 간단하다. 일반적으로 직원들은 "기획서 제출하세요"라는 대표의 말 한마디에 위축되고 부담을 갖는다. 처음엔 번뜩이던 아이디어도 기획서라는 틀 안에 들어가는 순간 그 빛을 잃는 법이다. 그런데도 대표들은 기획서라는 형식으로 정리된 아이디어를 바란다. 새로운 아이디어를 제안하면 기획서를 만들어 오라고 할 것이 뻔한데, 당신이라면 새로운 아이디어를 내놓고 싶겠는가? 그러니 직원들로부터 번뜩이는 새로운 아이디어를 얻고 싶다면 기획서를 없애는 것이 좋다.

1박2일 안에 결정하지 못할 일은 없다

"대표님, 지난번에 보고 드린 내용을 시행할까요?"
"아니, 아직 결정 못했어. 며칠만 더 생각해 볼게."

　의사결정을 하지 못하고 시간만 보내는 대표들이 많다. 많은 비용이 투자되는 결정의 경우 더욱 그렇다. 하지만 과연 오랜 시간 동안 생각한다고 해서 좋은 결정이 나올까?

　'장고 끝에 악수 난다'는 바둑 격언이 있다. 나는 이 말에 절실하게 동감한다. 사람은 오랫동안 생각을 하게 되면 긍정적인 부분보다는 부정적인 생각이 더 많이 떠오르게 된다.

　내가 운영하는 카페를 보고 자신도 하나 차리겠다던 친구가 있었다. 열심히 바리스타 교육을 받고 장사가 잘 된다는 카페들을 찾아다니며 시장 분석과 계획을 세우고 임대할 건물까지 찾아냈다. 하지만 걱정이 밀려오기 시작했다.

　'주변에 유명한 카페들이 많은데 정말 잘 될까? 대출받아서 장사하는데 잘 안되면 어떡하지? 권리금 주고 들어가는데 과연 권리금 받고

나올 수 있을까?'

뜬 눈으로 밤을 새운 친구는 좀 더 치밀하게 계획하고 생각해본 다음에 결정하겠다고 말했다. 충분한 시간이 지났지만 결국 그 친구는 카페를 오픈하지 못했다.

이처럼 너무 오랜 생각은 걱정이 되고, 걱정은 근심이 되어 돌아온다. 이 말을 잘 알고 있는 나는 직원들의 물음에 그 자리에서 결정을 내려준다. 만약 큰 투자를 해야 하는 프로젝트의 경우 조금 더 고민이 필요하므로 1박2일 동안의 시간을 요청한다. 전날 충분히 고민한 뒤, 자고 일어난 다음날 아침에도 직원이 제안한 프로젝트를 진행해야겠다는 결심이 들지 않으면 과감히 포기한다. 하지만 반대로 진행해야겠다고 결심하면 빠르게 추진해 나간다.

이러한 빠른 결정을 할 수 있는 이유는 원칙을 세워놓고 그 원칙의 잣대에 프로젝트를 올려두고 생각하기 때문이다. 나의 원칙 중 첫 번째 요소는 "누가 이 프로젝트를 맡을 것인가?"이다. 만약 주어진 프로젝트에 대한 책임자의 얼굴이 떠오르지 않는다면 프로젝트를 진행하지 않는다. 이처럼 자신만의 뚜렷한 몇 가지 판단 기준을 확립하고, 그 원칙에 맞춰 생각하면 빠른 결정을 할 수 있게 된다. 두 번째 원칙은 "프로젝트 실패 시 감당할 수 있는가?"이다. 프로젝트 실패는 곧 손실을 의미하기 때문에 현 상황을 면밀히 고려한 후 그 손실을 감당할 수 있을 것인지를 판단해 결정한다.

직원들은 대표에게 서면이나 대면 보고를 해야 할 때가 있다. 하지만 외부 영업 활동이 많은 대표를 둔 직원들이라면 대표가 회사로 들어올 때까지 애타게 기다리게 된다. 하지만 이런 경우에도 대표는 직원들에게 자신의 동선을 일일이 알려주지 않는 경우가 다반사다. 대표를 찾으려면 전화가 유일한 방법인데, 통화가 닿지 않을 때가 종종 발생한다. 비서를 통해 스케줄 관리가 이루어진다면 비서에게 물어보면 되겠지만, 별도로 비서를 둔 중소기업 대표는 흔하지 않다. 이 같은 문제는 아주 간단히 해결할 수 있다. 바로 스케줄을 공유를 하는 것이다.

나는 현재 네이버 달력을 사용하고 필요한 경우 직원들에게 공유하고 있다. 나의 스케줄을 미리 확인하고 서면 또는 대면 보고 일정을 잡으면 되기 때문에 직원들은 나를 찾아다니거나 전전긍긍할 필요가 없다. 나 또한 시간 관리가 더 편리해졌다. 간혹 스케줄을 까먹거나 혼동하는 경우가 있었는데, 알람기능을 활용하니 약속시간을 잊을 일이 없어졌다. 직원과 대표 개인 모두에게 도움이 되는 해결책을 찾은 것이다.

중소기업은 빠른 업무 진행과 빠른 의사결정이 사업의 승패를 좌우한다고 해도 과언이 아니다. 문서가 많다고 일 잘 하는 것 아니고, 시간이 많다고 결정을 잘 하는 게 아니다. 일이 잘 되기 위해서는 타이밍도 중요하다. 타이밍을 망치는 '과정'을 정리할 필요가 있다. 이를 위해서 빠른 의사결정 시스템을 만들어 나가는 것은 대표자의 몫이다.

근로기준법에 콧방귀 뀌기

"우 대표, 그만 둔 직원이 나한테 소송을 걸었어."

"아내를 임원으로 등재하고 세율대로 세금을 내고 급여를 주었는데, 과징금이 나왔어."

사업을 하다보면 대표들의 이런 울화가 섞인 억울함을 듣게 된다. 나 역시 그런 경험이 있다. 하지만 정말 억울하게 당한 일인지 곰곰이 생각해볼 필요가 있다.

나는 7년간 직장 생활을 하며 관리팀장과 이사로 재직하는 동안 대표를 대신해서 법정에서 대변도 해보고, 소송에 대응도 하고, 노동부 근로감독관이나 세무조사 세무공무원을 상대로 일을 하기도 했다. 그러면서 주변에 법을 모르는 대표들이 생각보다 굉장히 많다는 사실을 알게 되었다. 요즘 같이 미디어가 발달한 시대에는 뉴스와 검색을 통해서 우리 회사가 어떤 법을 지켜야 하는지, 혹은 위반하고 있는지 쉽게 찾아 볼 수 있다. 세법 상식 또한 인터넷 검색을 통해 쉽게 얻을 수 있다. 이렇게 어디서든 정보를 찾으려고만 하면 얼마든지 찾을 수 있는 시대임에도 불구하고 잘 활용하지 못하는 사람이 많다. 하지만 한 사업체의 대표라면 기본적인 관련법에 대해서만큼은 알고 있어야 한다. 사업에서 법은 무시할 수 없는 존재라는 것을 명심하고 합법적으로 회사를 운영하도록 노력해야 한다.

관행과 법은 다르다

우리는 종종 "저 사람은 법 없이 살 사람이야"라는 말을 한다. 말 그대로 세상에 정말 법 없이 살 수 있는 사람들만 있다면 얼마나 행복할까? 하지만 세상은 그렇게 호락호락하지 않다. 뉴스만 보더라도 국내는 물론 해외 글로벌 기업들까지 모두 송사에 휘말려 산다. 회사마다 별도의 법무팀을 운영하는 것만 봐도 기업이 겪는 법적 분쟁이 얼마나 많은지를 짐작할 수 있다.

중소기업의 경우 거래 대금을 받지 못했을 때 기업 간에 법적 분쟁이 발생한다. 그뿐만 아니라 직원과 기업 간의 문제도 심심치 않게 발생한다. 직원과의 분쟁에 있어 근본적인 원인은 대표들이 근로기준법을 몰라도 너무 모르기 때문이다. '내 말이 곧 법'인 대표들도 많다.

> "근로계약서에 퇴직금을 급여에 포함한다고 작성했는데, 왜 퇴직금을 줘야 하냐고요?"
> "그건 법 위반입니다. 그렇게 하시면 안 되는 거예요."

내가 아는 어떤 중소기업 대표는 급여에 퇴직금을 포함시키기로 했다며 근로감독관과 다투었다. 그는 근로계약서에 명시까지 했는데 뭐가 문제냐며 당당했고, 남들도 다 이렇게 한다고 큰소리쳤다. 하지만 이는 "급여에 퇴직금을 포함시키지 말라"는 근로기준법을 위반한 것이다. 결국 해당 회사의 대표는 계약서와 상관없이 근로자에게 퇴직금을 추가로 지급해야만 했다.

퇴직금과 관련해서는 평소에도 신경 써야 한다. 가령 직원들이 집안사정 등으로 퇴직금을 근로기간 중에 요청하는 경우가 있는데 이에 대한 결정은 신중해야 한다. 근로기준법에 의하면 퇴직금은 퇴직 시 지급하도록 명시하고 있고, 중간에 정산할 수 있는 사유는 대통령령으로 엄격히 제안해 두었기 때문이다. 부득이 지급해야 할 경우 퇴직금 명목이 아닌 차용증을 받고 빌려주는 방식으로 지급해야 나중에 문제가 되지 않는다.

기업을 운영하면서 완벽하게 법대로 할 수 없는 경우가 많다. 하지만 최소한 현재 우리 회사의 규정과 관례가 적법한 것인지 위법한 것인지 정도는 알고 경영해야 한다고 생각한다. 그래야만 향후 발생할 수 있는 문제를 예측할 수 있기 때문이다. 개인 사업자든 법인 사업자이든 직원을 단 한명이라도 고용하고 있다면 포털 검색사이트에 '근로기준법'을 검색하여 근로기준법, 근로기준법 시행령, 근로기준법 시행규칙을 읽어보기를 권한다. 이 법은 어떠한 법보다도 쉽게 이해될 수 있도록 작성되어 있기 때문에 부담을 가질 필요도 없다. 한 번 숙지하고 나면 매년 근로기준법의 변경 내용만 확인하면 된다.

"어떻게 법대로만 살겠어!"

나의 조언에 대해 이렇게 대답하는 대표들이 있다. 맞는 말이다. 사업을 하다보면 경우 외의 수가 너무나 많다. 노무사와 상담해도 근로기준법에 명시된 내용만 언급할 뿐이다. 하지만 중요한 것은 최소한의 법인 근로기준법은 지켜야 탈이 덜 난다는 것이다. 근로자가 10인 이상인 기업의 경우 회사의 규정인 '취업규칙'을 만들어 근로자에게 교육 및 서명으로 동의를 받아 노동부에 신고한 뒤 운영해야 한다. 취업규칙 또한 근로기준법을 기준으로 작성되어야 한다는 것 또한 잊지 말아야 한다.

회사 돈 ≠ 대표 돈

많은 중소기업의 대표들이 세금계산서나 영수증만 갖추면 회사 돈을 마음대로 쓸 수 있다고 생각하며 이렇게 말한다.

"내 돈 내가 쓰는데 왜 참견이죠?"

100% 지분을 갖고 있는 법인의 대표일 경우 회사 돈을 자신의 돈으로 여기는 대표들이 허다하다. 그러다 보니 대표 자신의 마음대로 직원들의 급여를 책정하는 경우도 많다.

일례로 한 지인이 대표로 있는 회사에 아내가 함께 일했는데, 아내의 급여에 과징금이 붙었다며 내게 하소연을 해온 일이 있었다. 세율대로 세금을 전부 냈는데 그런 일이 생겼다며 억울함을 호소하고 있었다. 좀 더 이야기를 들어보니 지인의 아내는 이사 직급으로 회사에서 일하고 있었고, 소득세는 물론 4대 보험까지 납부하고 있다고 했다. 그런데 무엇이 문제였을까?

문제는 다른 임원들에 비해서 월등하게 많이 책정된 연봉이었다. 현행 세법은 임원의 급여에 대해서 제한을 두고 있지는 않지만, 대표자의 특수 관계인인 아내와 자녀 등을 임원으로 둘 경우 일반적인 임원들의 연봉과 크게 차이를 두면 문제가 발생할 수 있다.

덧붙여 말하자면 임원의 급여와 퇴직금은 정관에 명시해야 법적으로 문제가 되지 않는다. 정관(定款)이란 법인을 어떻게 설립 및 조직하고 활동할 것인지 정한 기본 규칙을 의미한다. 직원의 법이 근로기준법이라면, 대표와 임원의 법은 정관인 것이다. 그런데 사업 초기에는 기업을 생존시키고 성장시키느라 바빠서 정관은 고사하고, 대표 자신의 월급조차 신경 쓰지 못하는 경우가 발생하기도 한다.

"대표님, 월급 얼마나 가져가세요?"
"월급이요? 책정 되어 있는데 직원 월급 주기도 힘들어서 못 가져가요. 소득세와 4대 보험료만 상납하고 있네요."

벤처기업 대표들은 사업 초기에 자신의 급여조차 챙겨가지 못할 정도로 자금난에 시달리는 경우가 많다. 월급도 못 받아가면서 소득세와 4대 보험료만 납부하고 있으니 얼마나 속이 탈 것인가. 이 또한 법을 알지 못하기 때문에 발생되는 문제이다.

나는 사업 초기에는 4대 보험공단에 대표자인 나의 급여를 '무급'으로 신청을 하고 급여를 받지 않았다. 이럴 경우 소득세는 물론 4대 보험료가 청구되지 않는다. 그리고 회사에 이익이 나기 시작할 때부터 급여를 책정했다. 이처럼 법에 대해 알고 있으면 상황에 맞게 활용할 수도 있다. 하지만 법을 알지 못하고 자신의 생각만으로 기업을 경영하게 되면 낭패를 당하거나 손해를 볼 수 있다. 사업을 하는 대표자는 근로기준법과 기본적인 세무지식을 갖출 필요가 있다. 노무사를 통해 근로계약서를 수정하고 연봉 체계를 잡아 나가며, 재무 설계사를 통해 기업의 미래를 설계해 나가는 것이 좋다. 여기서 회사를 운영하는 대표들께 도움이 될 만한 한 가지 팁을 알려드리면, '종업원 복지보험'이라는 것이 있다. 말 그대로 종업원들의 복지를 위해서 사업자가 가입하는 것이다. 직원들이 많아지면 회사에는 크고 작은 인적 사고가 발생하게 된다. 출퇴근 시 교통사고, 업무 중 사고 등이 대표적인 예일 것이다. 4대 보험에 건강보험과 산재보험이 있기는 하지만, 보상받지 못하거나 보상이 충분하지 못한 경우가 매우 많다. 이때 '종업원 복지보험'이 상당히 효과적인 복지제도로 활용될 수 있다. 회사의 재정 규모가 허락한다면 가급적 드는 것이 좋다. 하지만 국가가 아니라 보험회사에서 운영하는 상품으로 보험사나 상품마다 특징이 다르기 때문에 잘 알아보고 가입해야 한다.

또한 회사가 어느 정도 성장했다면 직원들의 복지뿐 아니라 대표자의 연봉과 퇴직연금에 대해 관심을 갖고 잘 준비하는 것이 필요하다. 대표 역시 경제적 토대를 안정적으로 다져야 일에 더 집중할 수 있기 때문이다.

우리나라 대표들은 유독 회사와 자신을 동일시하는 성향이 강하다. 내가 피땀 흘려 일군 회사니 내 것이라는 마인드인 것이다. 하지만 내 것이니 내 마음대로 하겠다며 주먹구구식으로 운영하는 한 회사가 성장할 기회는 없다. 합법적이고 합리적 운영을 위한 시스템을 갖추도록 하자.

3장

성공으로 이끄는 흑(黑)수저 경영학

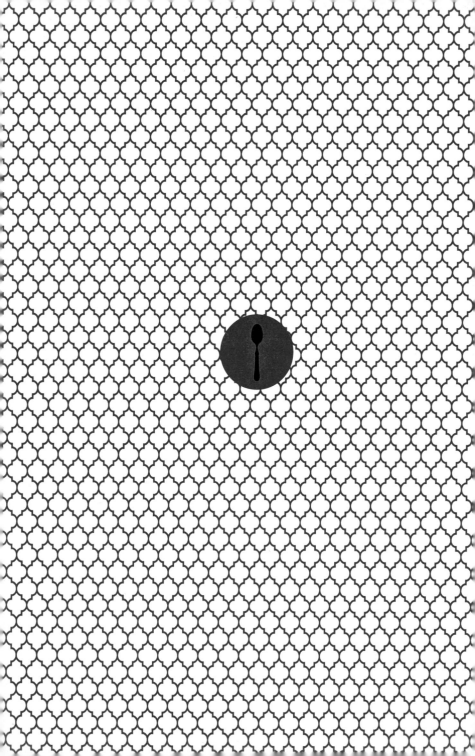

●

7

회사에 가장 중요한 자산은 무엇인가?

✛

국내외 유수의 기업들이 창립 멤버와 결별했다는 기사가 심심치 않게 보도된다. 평생직장의 개념이 사라진 요즘, 이런 결별 소식에 대해 이상하게 느끼는 사람은 많지 않다. 나 역시 이런 일이 이상하지 않을 뿐 아니라 오히려 창립 멤버와의 결별은 기업이 성장하면서 반드시 겪게 되는 성장통과 같다는 생각이 든다. 서로의 발전을 위해 협의하여 결별하는 것은 이해할 수 있다. 하지만 불화에 의한 결별은 반드시 돌아보아야 한다.

왜 창립 멤버와 불화가 생기는 것일까? 대개의 경우 금전적인 문제가 많다. 회사가 성장해 대규모의 투자를 받거나 코스닥 등 주식상장을 하면 큰 자금 흐름이 눈앞에 보이니 이익 다툼이 발생하는 것이다. 나 또한 창립 멤버들 간의 갈등을 많이 보고, 경험했다.

인생에 관한 명언 중에서 이런 말이 있다. "돈을 잃으면 조금 잃는 것이요, 명예를 잃으면 많이 잃는 것이요, 건강을 잃으면 전부 잃는 것이라." 이 명언을 기업의 생태에 비유하면 이렇게 말할 수 있지 않을까. "돈을 잃으면 조금 잃는 것이요, 직원을 잃으면 많이 잃는 것이요, 창립 멤버를 잃으면 전부 잃는 것이다." 그래서 나는 회사 대표로서 대박을 치는 회사보다, 창립 멤버들과 오랫동안 함께 하는 회사를 만들고 싶다. 나의 경영 원칙은 여기에 초점이 맞춰져 있다.

어려움을 함께한 사람들의 소중함

내가 창립 멤버를 가장 소중하게 생각하는 이유는 그들이 나와 함께 고생을 한 사람들이기 때문이다. 나만큼, 어떨 때에는 나보다 더한 무게의 짐을 지고 함께 뛴 사람들. 이들의 피와 땀으로 회사의 성장을 일구었기에 결코 그 고마움을 잊어서는 안 된다고 생각한다. 다시 말해, 대표 혼자의 공으로 회사가 성장한 것처럼 착각해서는 안 된다는 뜻이다.

네 번째 사업의 창립 멤버는 나를 포함해 세 명이다. 두 평 남짓한 창문 없는 사무실에서 일당백으로 일했다. 사업 초기에 매출이 0원으로 추락했을 때, 단 한 명이었던 직원은 사직서를 제출하고 회사를 그만뒀지만 창립 멤버들은 나와 함께였다.

"최악의 상황에 닥쳐도 우리 셋만 모이면 다시 일어 설 수 있으리라고 믿어."

우리는 연말 송년회 때마다 이런 말을 나누며 서로 용기를 북돋워 주었다. 무더운 여름, 에어컨도 꺼진 좁은 복도에서 러닝셔츠 차림으로 택배 박스를 싸던 모습들이 아직도 생생하다. 힘들었을 때 기억이 이젠 영원히 간직할 소중한 추억이 된 것처럼 창립 멤버들 역시 내게 있어 영원히 소중한 사람들이다. 나는 그들의 소중함을 창업 초기부터 느끼고 있었다. 사업이 잘 되지 않아 내 몫의 급여를 받지 못할 때에도 이 두 명의 창립 멤버들의 급여는 단 하루도 밀린 적이 없었다. 대표가 가져야할 가장 중요한, 첫 번째 의무가 직원에게 급여를 지급해야할 의무라고 생각했기 때문이었다. 그 생각은 사업이 번창한 지금도 변치 않았다. 창립 멤버들과 우수한 직원들이 회사에 오랫동안 남아있을 수 있도록 지원하는 일은 대표자의 몫이다.

지금의 창립 멤버들은 한 가지 공통점을 가지고 있다. 사업실패의 경험과 직장에서 인정받았던 경험, 두 가지 모두 겪어 본 사람들이라는 것이다. 특히 나는 사업실패를 통해 고생의 의미를 아는 사람들을 좋아한다. 물론 고생만 한 게 아니라 그만큼 성공담도 있는 편이 좋다. 바닥과 천장을 모두 경험해봐야 생각의 깊이가 깊어지기 때문이다. 그래서 우리 회사의 부서장들은 고생의 의미를 아는 직원들로 구성되어 있다. 고생의 의미를 아는 사람만이 부하직원을 이해하고 포용하는 능력이 뛰어나며 리드해 나갈 수 있다고 믿기 때문이다.

사업과 관련해서 이런 말이 있다. "사업은 잘못되면 미치고, 잘되면 고민이다." 나는 이 말 그대로의 상황을 모두 경험했다. 사업이 안 풀리면 모든 일에 점점 더 대처하기 힘들고, 미칠 노릇이 되어버린다. 반면 잘 되면 잘 될수록 매출 외에도 신경 쓸 것들이 많아지는데, 늘어나는 직원들, 복지, 운영 등을 챙겨야 한다. 무엇보다 후자의 경우 미래에 관한 걱정이 늘어간다. 매년 성장시켜야 기업이 존속되기 때문이다. 주위를 둘러보면 수십 년간 승승장구하던 회사도 1~2년 만에 무너지거나 다른 기업에 팔려가는 신세가 되는 것을 볼 수 있다. 결코 긴장을 늦출 수 없다.

나 역시 사업이 잘될수록 할 일이 늘어났고 고민이 많아졌다. 사업 초기, 하루하루 생존을 위해 일할 때에는 오히려 고민이 적었던 것 같다. 하지만 이제는 미래의 비전에 관해 고민하고 헤쳐 나가야 하고, 보다 많은 업무 스트레스가 찾아 왔다. 체육학과와 특전사를 통해 단련

된 몸도 예전과 같지 않았다. 회사와 함께 나이를 먹고 있었다. 그리고 문득 '나도 이런데 창립 멤버들은 오죽할까?'라는 생각이 들었다. 직원들의 건강은 부서장들이 챙길 수 있지만, 창립 멤버들의 건강은 대표가 챙겨야 한다고 생각했다. 멤버 중 한 명이 몸살이 걸렸을 때 링거를 맞도록 한 적도 있지만, 앞으로는 지속적으로 건강관리를 해줘야겠다는 생각에 평소 잘 알고 지내던 한의원에서 한약을 지어주었다. 그밖에도 각자 몸 관리를 할 수 있도록 이런 저런 권유를 했다. 나의 이런 생각과 행동은 절대 과한 것이 아니다. 창립 멤버는 회사를 위해서 희생해온 사람들이다. 그들에게 많은 일을 하게 한 만큼 건강을 챙겨줘야 하는 것은 당연하다고 생각한다.

대표는 항상 '마지막'이어야 한다

누군가 내게 대표로서 가장 보람될 때가 언제냐고 묻는다면, 나는 성장하는 직원들을 볼 때 뿌듯함을 느낀다고 대답할 것이다. 우리 회사에 와서 외모가 단정해진 직원, 취미활동을 시작한 직원, 학원에 다니는 직원 그리고 삼삼오오로 모여 맛집을 다니는 모습까지도 사랑스럽다. 우리 회사를 통해서 보다 많은 직원들이 먹고 살며, 그들의 생활이 좀 더 윤택해져 가는 모습을 볼 때 가장 큰 보람을 느낀다.

창업을 한지 삼 년여 시간이 흐르자, 창립 멤버들이 하나 둘 작은 집을 장만할 수 있었다. 당사자만큼 나 또한 기뻤다. 우리는 서로에게 축하인사를 아끼지 않았다. 사업하기를 잘 했다는 생각이 든 순간이었다. 시간이 좀 더 지나 5년차가 되었을 무렵 우리 회사는 급성장했다. 매출이 많이 올랐고 직원도 급격히 증가했으며 조직도 세분화되어 가기 시작했다. 그때 창립 멤버 한 명이 내게 이런 이야기를 했다.

　　"대표님도 집 사셔야죠."

　　그랬다, 나는 당시까지도 집을 장만하지 못한 상태였다. 10여 평의 8천만 원짜리 다세대 주택에서 전셋집을 얻어 다섯 아이를 키우며 살고 있었다. 이러한 내 형편을 아는 창립 멤버들이 마음을 써주었지만, 나는 아직 때가 아니라고 생각했다. 그로부터 1년 후 사업이 지속적으로 성장함에 따라 나는 비로소 작은 집을 마련했다.

　　대표는 창립 멤버 중 항상 마지막이어야 한다고 생각한다. 급여도 그렇고 복지 혜택도 그렇다. 대표가 직원들, 창립 멤버들보다 우선해서 이익을 취하려 한다면 장수하는 기업이 될 수 없다는 게 내 생각이다. 기업이 성장하면 창립 멤버들이 먼저 대우와 혜택을 누리게 해줘야 한다. 나를 믿고 함께 해준 세월에 대한 보상이기 때문이다. 반면 기업을 운영하면서 발생하는 책임은 대표 혼자 감당해야 한다. 이러한 인식이 뒤바뀔 때 문제가 발생한다고 생각한다.

모 회사에서 신규 사업부를 신설하는 걸 본 적이 있다. 대표가 사업 영역을 넓히겠다는 야심찬 계획을 가지고 착수한 것인데, 팀장부터 부서원까지 한마음이 되어 열심히 일했다. 야근은 물론이고 주말 시간까지 쪼개가며 일에 매진했다. 하지만 처음 진출한 영역이라 일이 꼬이거나 잘못될 때도 많았다. 그때마다 대표가 아닌 팀장이 총책임을 지고 일을 수습했다. 다행히 위기를 잘 넘겼고 열심히 한 만큼 사업은 안정적으로 자리를 잡아갔다. 일이 잘 되니 대표의 얼굴엔 웃음꽃이 피었다.

"신규 사업이 자리를 잡으니 정말 좋으시겠어요. 그렇게 좋은 팀장과 직원들과 함께 하시니 다 대표님의 복입니다."
"응, 좋지. 그런데 말이야. 이 사업은 그 부서가 만든 게 아니야. 다 내 아이디어야. 팀장이나 직원들이 한 게 뭐 있나? 다 내가 시키는 대로 했지."

책임 있게 문제를 해결해야 하는 순간에는 나서지 않다가, 사업이 순항중일 때 나서서 모두 자신의 공으로 돌리는 대표의 말을 듣고 나도 모르게 얼굴이 찌푸려졌다. 그로부터 얼마가지 않아 그 회사 신규사업 팀장은 사직했고, 팀원들도 거의 대부분 회사를 떠났다. 신규사업을 탄생시킨 원년 멤버들이 나가고 사업이 잘 될 리 없었다. 그 사업부서는 크고 작은 위기에 휘청거리던 끝에 폐지되고 말았다.

회사의 입장에서 새로운 성장 동력을 만들어내기 위해 신규 사업을 진행할 때가 있다. 회사를 창립하는 것까지는 아니어도 새롭게 사업을 시작하는 것이니 해당 업무를 맡은 직원들의 스트레스가 많고 업무 부담도 크다. 대표는 이들의 노고에 대한 감사의 마음을 담고 있어야 한다. 그리고 성공했을 때 반드시 그들에게 보상을 해줘야 한다. 공로에 대한 합당한 보상이 없다면 좋은 인재를 어떻게 붙잡을 수 있을 것인가? 세상에 자신의 노력을 알아주지 않은 회사 대표와 함께 일하고 싶은 사람은 없을 것이다. 감사의 마음을 그에 걸 맞는 보상으로 보여주는 것, 그것을 잊지 말아야 한다.

하지만 실제로 많은 벤처 기업, 중소기업 대표들은 자신의 창립 멤버들에게 차와 집을 사준다며 미래의 성공에 대한 금전적인 보상을 말로만 약속하는 경우가 많다. 멤버들을 감언이설로 꾀었다가 정작 회사가 성장했을 때 외면하는 것이다. 심지어 회사가 자금력이 풍부해지니 고액연봉의 외부 인재를 스카우트하고 창립 멤버를 내보내는 경우도 있다. 이러한 모습을 지켜보면서 나는 사업을 하면서 어떠한 약속도 하지 않겠다고 결심하게 되었고, 한번 입 밖으로 내뱉은 말은 책임지기 위해서 노력하고 있다. 대표의 말에 힘이 있으려면 실천하고 행동으로 보여주어야 한다.

네 번째 창업을 하고 하루하루 생존하기 위해 바빴을 무렵, 창립 멤버들과 공동 사무실 건물 앞 빈대떡 집에서 막걸리 한 잔을 하며 이런 대화를 나눈 적이 있다.

"대표님, 저희 회사 잘 되면 뭐 해주실 거예요?"
"말뿐인 약속보다 행동이 더 중요하죠. 내가 어떻게 하는지 지켜봐 줘요."

나는 그때나 지금이나, 대표의 자리는 말이 아닌 행동으로 보여주는 자리라고 생각한다. 생각이 있다면 행동하되, 말이 앞서면 안 된다. 그리고 대표의 말과 행동의 중심에는 사람을 소중히 여기는 마음이 있어야 한다. 이는 한 기업이 오랫동안 명맥을 유지할 수 있는 중요한 요소이기도 하다. 오래 가는 기업은 사람을 소중하게 생각하는 기업이다. 회사를 위해 가장 애쓴 창립 멤버를 소중히 생각하지 않으면 그 어떤 직원도 아낄 수 없을 것이다. 너도나도 능력 있는 인재를 원하지만, 그들의 발걸음을 이끄는 것은 대표의 마음가짐과 책임 있는 행동이다.

●

8

회사를 성장시키는 사무실 운영법

⊕

"대표님 회사에 오면 기분이 좋아져요. 직원들이 활기차고 생동감
있어서 보기 좋습니다."

회사를 창업하게 되면 가장 먼저 알아보는 것이 사무실일 것이다.
각자의 스타일대로 사무실을 구하게 되겠지만 가장 먼저 고려해야 할
것은 그 공간에서 함께 일하게 될 직원에 대한 배려일 것이다. 집보다
오랜 시간을 보내게 되는 사무실, 그 공간을 어떻게 채우느냐에 따라서
사업의 성과가 달라진다고 생각한다. 그래서 사무실을 구할 때는 신중
에 신중을 기해야 한다.

1천만 원으로 네 번째 창업을 시작한지 얼마 되지 않아 두 명의 직

원이 합류한 후, 이들과 함께 일할 공간을 알아보았다. 하지만 얼마 되지 않는 보증금으로 얻을 수 있는 사무실이라고는, 곰팡이가 가득한 지하 사무실뿐이었다.

나는 이전의 세 번의 사업, 7년간의 직장 생활을 하면서 지하 2평짜리 사무실에서부터 150여 평의 대형 사무실까지 정말 다양한 사무실에서 근무한 경험이 있었다. 다양한 환경을 접하면서 느낀 점은, 지상과 지하를 떠나서 햇빛이 들어오지 않는 음습하고 우중충한 분위기의 사무실을 피해야 한다는 것이다. 사람은 환경의 지배를 받지 않을 수 없다. 어둡고 공기가 잘 통하지 않는 답답한 공간에서 장시간 머물면 기분이 우울해지기 쉽고, 그런 곳에서 창의력과 의욕이 샘솟기란 쉽지 않은 일이다. 그래서 나는 소호 사무실을 얻기로 결심했다. 소호 사무실은 번화가에 밀집되어 있는 편이다. 가능한 한 교통이 편리하고, 깨끗하며 햇볕이 잘 드는 소호 사무실을 찾아 다녔다. 내가 선택한 소호 사무실은 지하철역과 5분 이내의 거리였으며 2평 남짓한 방이었지만 실내 인테리어가 깨끗하니 좋았고, 책상 네 개와 공용 회의실, 커피와 차가 마련되어 있었다. 창이 없어서 다소 아쉬웠지만 출입문을 열어 놓으면 그리 답답하지는 않았다. 보증금 1백만 원의 사무실을 1년 계약을 통해 월 임대료 20% 할인을 받아 월 88만원에 임대계약을 체결했다.

'크기'보다 중요한 '분위기'

"죄송한데 시끄럽다는 민원이 들어와서요. 문을 좀 닫고 해주시겠어요?"

우리 회사는 온라인 판매를 주업무로 하다 보니 매일같이 택배 박스를 포장하고 송장을 붙여야 했다. 그러다 보니 포장할 때 나는 테이프 소리와, 박스를 옮길 때 나는 소리들이 문제가 된 것이다.

6개월쯤 지났을 때 택배를 보내는 양이 많아져 2인용 방 하나를 더 얻어서 사용했다. 사무실을 두 배로 넓혀도 문제는 좀처럼 해결되지 않았다. 복도에 쌓아 둔 박스도 문제였지만 창고도 없이 상품을 판매하다 보니 방 안에 천장까지 제품이 쌓였고, 출근할 때마다 방안의 일부 제품들을 복도에 꺼내두어야 할 만큼 제품의 종류가 늘어갔다. 1년을 소호 사무실에서 버텨보고자 했지만, 그럴 수 있는 상황이 아니었다. 공간을 늘리니 월 임대료도 146만원으로 늘어났다. 차라리 여기서 방 하나를 더 얻는 것보다 사무실을 독립하는 것이 낫다고 생각했다.

"보증금 1천만에 월 임대료와 관리비는 150만원, 실 평수 15평 이상, 그리고 1개 층 전체를 단독으로 사용할 수 있는 사무실로 알아봐 주세요."

"네?"

"아! 그리고 가능하면 지하철이 가깝고, 신축 건물에 냉난방기 설치
가 되어 있고 주차도 편리했으면 더 좋겠네요."

내가 제시하는 까다로운 조건에 부동산 업자는 난색을 표했지만,
그래도 난 포기하지 않았다. 실제 매물을 보여주는 인터넷 부동산에서
내가 찾는 조건의 사무실을 찾고 방문하기를 수없이 반복했다. 지성이
면 감천이라고 했던가. 이제 그만 포기해야 하지 않을까라고 생각할 때
쯤 건축한지 1년 남짓한 15평짜리 사무실이 나왔다. 직접 가보니 전철
역과도 10여 분 거리이고 1개 층 전부를 사용할 수 있는 작은 건물이었
다. 무엇보다 통유리를 통해 햇볕이 잘 들어서 아늑하게 느껴졌다. 비
록 주차는 단 한 대만 가능했지만, 낮에는 주택가에 주차를 할 수 있을
것 같았다. 시스템 에어컨에 바닥은 난방이 설치되어 있었고 겨울에는
따뜻한 물도 나왔다. 금상첨화였다.

내가 이렇게 사무실에 집착하는 이유는 사무실 분위기가 사업의 승
패를 가늠할 수 있다고 생각하기 때문이다. 아무리 작은 사무실이어도
한 개 층을 다 사용하는 사무실은 장점도 많다. 우리가 내는 소음 때문
에 눈치 보지 않아도 되고, 복도에서 다른 회사의 직원들과 마주치고
화장실을 함께 사용할 때 느끼는 불편함이 없으며, 복도를 아늑하게 꾸
밀 수도 있다.

어렵게 구한 15평짜리 사무실에서 약 1년 정도 생활하다 25평짜리 사무실로 옮겼다. 매번 이사할 때마다 내가 사무실에 대해 갖고 있는 원칙, 즉 분위기가 밝아야 하고 한 개 층 전체를 단독으로 사용하기와 같은 사무실 구하는 원칙들을 지키려고 노력했다. 그런데 유독 지키기 어려운 것이 있었다. 바로 주차 문제였다. 주차가 어려우면 직원도, 회사를 방문하는 손님도 일하기 전부터 짜증이 나기 마련이다. 주차는 의외로 심각한 문제였다.

경비 아저씨, 청소 아주머니를 내 편으로 만들기

평소 나는 경비 아저씨, 청소 아주머니, 택배 아저씨에게 친절하게 대하려고 노력한다. 사람과 사람 사이에 친절함은 기본이라고 생각하기 때문에 자연스럽게 나오는 행동들인데, 이런 나의 친절이 고객과 직원들에게 되돌아올 때가 많다.

우리 회사가 처음 입주해 있던 소호 사무실은 작은 공간에 여러 개의 업체가 입주해 있다 보니 주차가 매우 어려웠다. 그러다 보니 주차와 관련된 문제는 지속적으로 발생했다. 그래도 나는 상황을 긍정적으로 받아들이기로 했다. 유료 주차라도 할 수 있음에 감사하며 오갈 때마다, 주차장의 경비 아저씨에게 인사를 하고 간혹 음료수를 사서 드렸다. 명절 때는 직원들과 더불어 작은 선물을 드리기도 했다. 의도한 일은 아니었지만, 경비 아저씨는 우리에게 좋은 소식을 전달해주셨다.

"이봐, 젊은 사장."

"네, 아저씨."

"다음 달부터 주차비 내지마. 건물주 사장님과 다른 경비원들한테도 내가 얘기해 놨어. 젊은 사람이 열심히 사는 것 같은데 내가 도와줄 게 이것밖에 없네."

내가 한 것이라고는 뵐 때마다 인사하고 간혹 음료수를 드린 일 밖에 없었다. 더구나 아버지 같은 분들이라 더 잘 해드리지 못해 마음에 걸리던 참이었는데, 예상치 못하게 너무 큰 혜택을 받게 되었다. 그뿐만 아니라 이후에도 경비 아저씨는 우리 직원들과 회사 방문 고객들을 다른 입주자들에 비해 더 세심히 배려해주셨다.

훗날 경비 아저씨에게 들은 이야기를 전하자면, 고작 소호 사무실에 방 한 칸 얻어 일하는 사람이 자신들에게 친절을 베푼 경우는 처음이라고 하셨다. 몇 년 후 그 사무실을 떠나 조금 더 큰 곳으로 이전할 때, 축하한다고 손 흔들어 주시던 경비 아저씨의 모습이 지금도 눈에 선하다. 나는 이사 간 건물의 경비 아저씨에게도 친절히 인사하고 살갑게 말을 걸어드렸다. 이곳도 처음엔 주차난이 심각했지만, 또 다른 경비 아저씨가 도움을 주고 계신다.

　이렇듯 남에게 베푼 친절은 도로 나에게 돌아온다. 계산해서 움직이는 것이 아니라 상대방을 진심으로 대해야 한다. 언제나 그렇지만 받는 것보다 베푸는 것이 먼저다.

　전년도보다 더욱 성장한 2016년도 연말 매출을 결산하고 2017년 1분기 매출을 예상하면서, 좀 더 좋은 환경에서 직원들과 일해도 괜찮겠다는 생각이 들었다. 그래서 3층짜리 주택형 사옥을 얻었다. 은행과 기관 그리고 주변사람들은 그 돈이면 아파트형 공장에 투자하는 게 낫다고 했지만, 그렇게 하지 않았다. 그저 직원들이 편안하게 일할 수 있는 공간을 원했기 때문이다. 1층에는 기업 홍보와 직원 복지를 위한 카페를 운영하고, 제품 촬영이 많은 회사의 특성에 맞춰 2층과 3층 사무실과 야외는 스튜디오같은 분위기로 꾸몄다.

　편안하고 아늑하게 바뀐 회사 환경을 보면서 직원들의 얼굴이 더없이 밝아졌다. 직원들 사이에서 "회사에 출근할 맛이 난다"는 말을 들으면 그보다 기쁠 수 없다. 예전과 달리 직원들은 고객들을 회사로 불러 미팅을 했다. 회사를 자랑하고 싶어서다. 나는 직원들이 배우자, 부모, 친구 그리고 자녀에게 우리 회사를 자랑하기를 원한다. 그럴 수 있도록 회사 사무실 환경을 조성하고 있다. 1층 카페엔 하루 평균 200명 이상의 일반 손님들이 방문한다. 이는 회사를 알리는 데도 도움이 되고 있다. 또한 대부분의 제품촬영이 사무실에서 이루어지게 되어 비용 절감 효과도 톡톡히 보고 있다.

주변 건물 관리인과 친해지면 주차난이 해결된다

"사장님, 날 추운데 커피 한잔 드세요."
"아이쿠, 이러실 필요까지 없는데 감사합니다."

나는 사옥 주변의 건물 관리인, 주차 관리인들과 친분을 쌓아나갔다. 한 동네에서 자주 마주치는 분들과 안부를 나누는 건 이웃과 사이 좋게 지내는 일이라 좋다고 생각했다. 새로운 이웃을 사귀는 것은 좋았지만, 주차난은 여전했다. 아니 오히려 3층 사옥으로 이전하고 나니 이전보다 주차난이 더 심각해졌다. 건물 내 여섯 대의 주차공간이 있기는 했지만, 직원들이 늘어 자체 차량만 여덟 대에 손님들 차량까지 합치면 턱없이 부족한 공간이었다. 주변에 유료주차장과 공영주차장을 알아보았지만 모두 만차였다.

"다음 달부터 주차자리 날 것 같은데 월 주차 하실라우?"

주변의 건물 관리인과 주차 관리인들은 주차공간이 확보될 때마다 우리에게 먼저 주차 의사를 물어봐 주셨다. 정말 고마운 일이었다. 덕분에 이사한지 2개월 만에 직원들의 주차공간은 모두 확보했는데, 부정기적으로 방문하는 손님들 차량을 세울 곳이 마땅하지 않았다. 특히 점심시간 때 방문한 손님들은 인근 골목에 주차하기도 쉽지 않았다.

한 번은 손님 차량을 주차하지 못해 동분서주하는 나를 때마침 발견한 발렛주차 기사 분께서 대신 주차해주신 일이 있었다. 정말 고마운 일이었다. 미팅을 마치고 돌아가는 손님의 차량의 차키를 받고, 발렛주차 기사 분에게 주차비용을 지불하려고 했다. 그러자 그 분은 한사코 사양하셨다.

"됐어요. 사장님도 저희가 주차할 수 있도록 편의 봐주시잖아요. 커피도 그냥 주시는데."

직원들이 퇴근한 후 남은 주차공간을 발렛주차 아저씨들이 사용할 수 있도록 해드리고, 가끔씩 우리 카페의 커피를 대접해 드렸던 것을 좋게 기억해주고 계셨던 것이다.

나는 사무실을 여러 번 이전했지만 그때마다 우리 회사 근처에 계신 이웃들과 가능한 한 친하게 지내려고 노력했다. 인근 건물, 식당뿐 아니라 골목의 주차단속을 위해서 방문한 주차단속원에게 수고의 인사를 건넨다. 사무실은 나와 직원들만의 공간이 아니라 이웃들과 함께 하는 공간이라고 생각한다. 사무실에 방문하는 택배기사, 우편집배원 그리고 경비 아저씨, 청소 아주머니에게 감사의 인사를 건네고 차 한 잔을 대접해 보자. 그들이 당신의 직원들을 대접해 줄 것이다. 사무실 주변에 따뜻한 온정의 손길을 베풀면 당신의 사무실로 온정이 되돌아 올 것이다. 서로를 배려하는 마음이 존재하는 한, 세상은 그리 삭막하 지 않다.

사람과 사람 사이의 소통이 어려운 시대라고 한다. 사적으로든, 공적인 관계에서든 타인과 담을 쌓고 사는 경우가 많다. 그 담은 누가 쌓은 것일까? 나일까? 상대방일까? 누가 먼저 쌓았는지 알 수 없지만, 내가 먼저 담을 허물면 된다.

9

'떼돈'보다 '똔똔'

"왜 사업을 하려고 하세요?"

"돈 벌려고요."

"회사에 다녀도 돈은 많이 벌 수 있지 않을까요?"

"사업을 해야 더 많이 벌죠."

과연 그럴까? 내 경험상 사업을 해서 돈을 버는 것보다 회사를 다녀서 돈 버는 것이 더 쉬웠다. 10년동안 운영을 잘했다고 해도 당장 1년만 잘못 되도 모든 것을 잃게 되는 것이 사업이다. 하지만 회사를 다니는 사람은 아무리 박봉이라도 약간의 돈을 모을 수 있다. 가령 내가 군장교로 임관했을 때 월급이 월 100만 원 남짓이었고, 6년을 넘어도 월

200만 원을 받기 힘들었다. 하지만 그럼에도 불구하고 전역할 때까지 약 3,000여만 원의 돈을 모을 수 있었다. 하지만 사업을 시작하고 난 후 그 돈은 모두 사라졌으며 빚만 수억 원이 생기기 시작했다.

회사에서는 자신의 능력에 따라서 연봉을 많이 받을 수 있다. 내 지인들 중에도 억대 연봉을 받는 분들이 꽤 있다. 누군가는 직장에서 억대 연봉을 받는다고 하면 의심의 눈초리를 보내기도 한다. 하지만 출중한 능력을 인정받으면 충분히 가능한 일이다.

반면 사업을 해서 억대 연봉을 받을 확률은 얼마나 될까? 중소벤처기업부와 통계청의 소상공인 실태 관련 자료에 의하면, 도소매와 음식숙박업이 주류를 이루는 소상공인들의 폐업 비율은 창업 후 1년 이내 37.6%, 3년 이내 61.2%, 5년 이내 72.7%라고 한다(2015년 통계청 기업생멸통계, 종사자수 5인 미만 소상공인 대상). 또한 한국소프트웨어산업협회의 조사에 의하면, 기술산업인 소프트웨어 기업들은 창업 후 3년 이내 20%, 7년 이내 50%가 폐업을 한다는 것이다(2008~2017년 10월까지 소프트웨어 사업자들 전수조사). 심지어 창업률보다 폐업률이 더 높은 것이 현실이다. 사업을 하면 능력이 있건 없건 돈을 벌기가 힘들다. 그렇기 때문에 돈을 목적으로 사업을 한다면 오래 버티기 힘들 수밖에 없다. 이 말은 돈을 벌지 말라는 말도, 무조건 돈을 벌지 못한다는 말도 아니다. 사업이 잘 되면 돈은 당연히 벌게 되어 있다. 그러나 초반에 돈을 벌기가 워낙 힘들고 이를 버텨내는 게 정말 어렵기 때문에 돈을 벌겠다는 목표 외에 다른 것이 있어야 한다. 왜 돈을 벌려고 하는지, 자신이 하고 있는 사업으로 무엇을 실현하려고 하는지 계획이 있어야 한다.

돈을 쫓은 사업가들의 최후

'유명 중소기업 OOO 대표 마약 혐의로 처벌'

뉴스를 보면 잘 나가던 스타기업의 젊은 대표들이 한순간에 몰락하는 경우가 있다. 외부요인에 의한 것이라면 어쩔 수 없지만, 대표가 흥청망청 유흥에 돈을 탕진하거나 사건사고에 휘말리는 경우도 심심치 않게 벌어지기 때문에 안타깝다. 중소기업을 경영하는 사람으로서 이런 사건이 더욱 비보로 느껴진다. 왜 그들은 자신의 성공을 주체하지 못하고 자멸하는 것일까? 답을 유추해보면, 그들은 돈을 쫓아 사업을 했기 때문이다. 돈을 벌고 나니 사업에 대한 목적의식이 사라지고 번 돈을 어떻게 써야 할지 갈피를 잡지 못하는 것이다. 흥청망청 유흥에 물들다가 급기야 마약과 도박까지 손을 대게 된 것은 아닐까. 이처럼 돈만 쫓는 사업가들의 최후는 좋지 않을 때가 많다. 연일 언론에 오르내리는 대기업의 경우도 예외는 아니다.

"그럼 대표님은 왜 사업을 하세요?"

이런 질문은 답변하기 참 애매한 질문이 아닐 수 없다. 나 또한 돈벌이를 목적으로 세 번의 사업을 했고 모두 실패를 맛봤다. 사업을 돈벌이 수단으로 보면 망한다는 사실을 깨달았기 때문에 새로운 사업을 시작하기 전부터 고민이 많았다. 네 번째 사업을 시작하기 전, 돈을 벌되 번 돈을 어떻게 사용할지에 대해서 다음과 같이 계획을 세웠다.

"만약 네 번째 사업에서 돈을 번다면 나 혼자만 잘 먹고 잘사는 데 사용하지 않을 것이다. 내 경험을 바탕으로 나처럼 힘들게 사업을 시작한 흙수저 사업가들을 돕고 상생할 것이다. 그리고 나의 경험을 세상에 알리고, 단 몇 명이라도 나와 같은 시행착오를 겪는 것을 예방할 수 있도록 할 것이다. 그리고 이익의 일부는 생색내기 후원이 아닌 정말 도움을 필요로 하는 곳들을 찾아 후원을 할 것이다."

나는 현재 매년 발생하는 수익으로 고용을 창출하고 있다. 현재 정규직 직원 수만 23명이다. 동종업계에서 온라인 상품판매로 비슷한 수준의 매출을 올리는 다른 중소기업들보다 많은 직원 수이며, 유사한 매출액을 기록하고 있는 코스닥 상장기업과 비교해도 적지 않다. 하지만 나는 고용 창출을 하면서 후회한 일이 없다. 오히려 열심히 일하고 있는 직원들을 보고 있노라면 큰 보람을 느낀다.

폐업 직전의 회사들의 제품에 대해 마케팅과 판매를 진행해 기사회생할 수 있도록 돕는 중소기업 간의 상생경영도 사업을 하는 기쁨이다.

"버는 것보다 잘 쓰는 것이 중요하다"는 말처럼 사업을 통해 번 돈을 곳곳에 잘 투자하고 사용하는 것이 나의 사업의 목적이다.

떼돈 No! 손실 줄이고 손익분기점부터 맞춰라

나는 항상 "살아 있으면 기회는 계속해서 온다"는 생각을 가지고 살아가고 있다. 내가 계속 움직이는 한 기회가 있었고, 멈추었을 때 모든 기회가 사라졌다. 사업이 어떻게 될지는 아무도 예측할 수 없는 것이다. 현재 대한민국을 대표하는 기업들 또한 폐업의 위기를 몇 번이고 넘어선 기업들이다. 포기하지 않고 위기를 돌파해냈기에 성장의 기회를 잡을 수 있었을 것이다.

세 번의 사업 실패를 되돌아보면 위기에 순간에 나는 폐업을 선택했다. 많은 빚을 감당하기 힘들다고 생각해서였다. 정말 견뎌낼 수 없는 순간에는 폐업 말고 다른 답을 찾기 어렵다.

하지만 네 번째 사업에서는 매출이 0원으로 추락하는 절체절명의 위기 속에서 더 투자하고 정면 돌파한 것이 전환점과 기회로 되돌아 왔다.

"힘들면 허리띠를 졸라매세요. 단 대표자의 허리띠만요."

내 책상서랍에는 컵라면이 몇 개 있다. 지금도 혼자서 사무실에 있을 때는 컵라면을 자주 먹는다. 있을 때 아끼지 않으면 아낄 수 없기 때문이다.

"대표님 페이스북을 보면, 맛집도 많이 다니시던데요."

이 말도 사실이다. 단지 sns에 올라와 있는 맛집 사진은 모두 사업상 다른 사람과 식사를 할 때의 모습이다. 나만의 만족을 위해 즐기는 모습은 아니라는 뜻이다. 만나는 사람들이 많다 보니 대접할 일이 많다. 밥이란 얻어먹을 때보다 대접을 할 때 더 기분이 좋은 법이다. 누군가를 대접할 수 있는 상황이 되었음에 감사한다.

나는 사업 초기, 적자를 면하는 손익분기점(BEP, Break-even point)을 넘어서는 것에 집중했다. 손익분기점에 달성하기 위해서 나를 포함해 창업멤버 세 명은 업무를 분장했다. 한 명은 판매, 다른 한 명은 디자인을 맡았다. 그리고 나는 블로그 운영과 함께 자금 및 회계를 포함한 모든 자잘한 관리업무를 도맡았다. 영업과 택배포장, 발송은 공통 업무로 정했다. 손익분기점에 도달할 때까지 직원을 고용하지 않겠다는 각오를 다진 것이다. 매출을 올리는 것도 좋겠지만 비용을 아끼는 것이 사업 초기의 손익분기점을 맞추는데 더욱 유리하다. 특히 사업 초기 가장 큰 경비를 차지하는 것은 인건비이므로 나는 이를 최소화하고자 했다.

이는 창업 멤버들이 없었더라면 불가능한 일이었다. 초기 1년간 창립 멤버들은 엄청난 박봉에도 열심히 일을 해주었다.

"손익분기점은 더 이상 물러나서는 안 되는 '최후의 방어선'이다."

나는 손익분기점을 이렇게 표현한다. 전쟁터에서 최후의 방어선이 뚫리면 국가를 빼앗기는 위기를 맞이하게 되는 것처럼, 사업에서도 손익분기점이 뚫려 적자가 발생하면 기업은 삽시간에 위기를 맞게 된다. 사업 초기는 물론이고 기업이 성장궤도에 올랐을 때에도 손익분기점에 예민해질 필요가 있다. 다시 말해, 사업이 잘 되다보면 손익분기점에 둔감해지기도 하는데 이럴 때일수록 촉각을 곤두세우고 지켜봐야 한다. 만약 손익분기점이 뚫려 적자를 기록했다면 다른 매출을 끌어 올리거나 비용을 감축해 손익분기점을 맞추는 노력을 해나가야 한다.

●

10

진짜 중요한 게 뭘까?

⊕

"왜? 우리 것만 안 팔리는 거야! 저런 형편없는 제품도 팔리는데 말이지."

팔리지 않는 자신의 제품을 보며 한탄하는 대표들이 많다. 예전과 달리 온라인 쇼핑몰에서는 판매 수량이 표시되는 경우가 많고, 그렇지 않더라도 상품 후기 개수를 통해 판매 수량을 가늠할 수 있다. 이 때문에 대표들은 제품이 잘 팔리지 않으면 상대적으로 더 큰 박탈감을 느끼게 된다. 더구나 자신의 제품보다 안 좋은 것들이 불티나게 팔려나가는 모습을 보고 있으면 더욱 속상할 수밖에 없다.

회사의 제품이 안 팔리는 데에는 여러 가지 이유가 있을 수 있지만,

많은 기업들과 미팅하면서 내린 결론은 아주 간단하다. 자신이 만들고 싶은 제품을 만들었기 때문이다. 제품이 아닌 서비스도 마찬가지다. 자신의 기준에서 만든 서비스는 상용화되지 않거나 상용화되었다고 해도 소비자들의 외면을 받기 십상이다.

철저히 소비자만 생각하기

"이 제품을 많은 사람들에게 알리고 팔 수 있을까요?"

"글쎄요. 땡처리라면 모를까 쉽지 않겠는데요."

"저희 제품은 정말 최고의 원료를 넣었습니다. 시중에 싸구려들과는 차원이 달라요."

"대표님, 전성분 표시를 보니까 원재료 함량도 다른 제품보다 두 배 이상 높고 몸에 해로운 원료는 단 하나도 없어서 정말 좋은 제품이라는 것은 알겠습니다. 하지만 솔직히 말씀드려서 맛이 없네요."

"시중의 설탕 덩어리 제품들과 비교하시면 그렇죠. 몸에 좋은 게 입에 쓰다고 하잖아요."

이 문제의 제품은 '잼'이었다. 잼은 상식적으로 단맛이 강하다. 달지 않고 쓴 맛이 강한 잼을 소비자들이 선택할지 의문이었다. 심지어 가격도 일반 잼보다 두 배 이상 비쌌다.

"주변사람들이 다 맛있다고 했어요."

"네, 정말이요? 누가 그러던가요?"

"저희 고객들이요."

위의 내용은 우리 회사에 제품 마케팅을 의뢰했던 한 회사의 일화를 소개한 것이다. 거래처 대표님은 건강한 원재료로 우리 몸에 좋은 제품들을 만드는 분이었다. 이 분이 만든 제품에는 아주 좋은 원재료가 함유되어 있었다. 하지만 문제는 제품이 맛이 없다는 것이다. 이 회사 제품을 이용하는 고객의 대부분은 건강상태가 좋지 않거나 과거에 건강을 잃었던 경험이 있는 사람이었다. 사람은 아프면 입에 쓰더라도 몸에 좋은 음식을 찾아 먹는다. 하지만 세상에는 건강한 사람이 더 많고, 잼을 찾는 사람들은 잼 특유의 맛과 식감을 즐기는데 목적이 있다. 그래서 맛이 없는 제품은 외면당할 수밖에 없다.

이후 나는 우리나라의 농산물들을 활용해서 천연 잼을 만드는 또 다른 청년 농부를 만난 일이 있다. 나는 이 제품의 원재료를 보고 깜짝 놀랐다. 단 2~3가지 원료로 잼을 만들었는데, 그것도 모두 좋은 재료들로만 이루어져 있었다. 식품에 지식이 없는 소비자가 봐도 알 수 있는 좋은 재료들이었다. 하지만 이미 비슷한 경험이 있던 나는 속으로 '몸에 좋겠지만, 맛이 없겠네'라고 생각했다. 하지만 이런 나의 생각은 완전히 빗나갔다. 우리나라에서 먹어본 최고의 잼이라고 할 만큼 진하고 부드러운데다 단맛이 풍부하게 느껴졌다. 원재료 함량도 매우 높았다.

"대표님, 정말 대단한 맛이네요!"
"네, 이 제품 만드느라 고생 많이 했습니다."
"제가 조만간 농가에 한 번 방문하겠습니다. 판매에 관해서 이야기 나누시죠."

이후에 나는 이 회사의 농가를 방문했고, 농장과 잼 가공공장을 둘러본 후 대표와 함께 사무실에서 이야기를 나누었다. 사무실에 들어갔을 때 난 놀라움을 금치 못했다. 전 세계의 웬만한 잼들이 모두 보관되어 있었기 때문이다.

"대표님, 이 잼들을 어떻게 다 모으셨어요?"
"저는 잼만 보고 다닙니다. 해외에 나가거나 박람회에 열릴 때면 그곳의 잼을 다 사가지고 오죠."

청년 대표님의 말대로 천연 잼은 국내보다 해외시장의 역사가 훨씬 오래되었다. 맛도 좋고 건강에도 좋은 천연 잼들이 이미 세계 각지에서 인기를 얻고 있었다. 청년 대표는 건강한 원재료를 사용하면서도 맛있는 잼을 만들기 위해 해외의 좋은 제품들을 사와서 연구를 거듭했고, 그 결과 몸에 좋고 맛도 좋은 잼을 만들 수 있었던 것이다. 나는 국내에도 이러한 잼이 생산되기를 바랐던 터라 가슴이 벅차오르기까지 했다.

"대표님 회사의 제품은 농가의 제품이라고 믿기지 않을 만큼 디자인도 좋더라고요. 다 이유가 있었던 거군요."
"그동안 정말 많은 잼들을 보러 다녔습니다. 지금도 식품과 관련한 교육을 지속적으로 받고 있고요. 그 결과가 아닌가 싶습니다. 좋은 잼을 만들었으니 이제는 잘 알리고 판매하는 일만 남았네요."

나쁜 먹거리들이 문제가 되면서 좋은 먹거리를 찾는 소비자들이 늘고 있다. 이러한 소비자들은 온라인에서 제품을 구매하는 경향이 강하다. 오프라인 매장보다 온라인에서 좀 더 다양한 제품이 유통되기 때문이다. 좋은 식품의 경우 유통기한이 짧아서 오프라인 매장으로 유통할 수 없는 경우가 많다. 예를 들어 신선도가 생명인 유정란을 먹고 싶다면 온라인 쇼핑이 더 낫다. 당일에 생산한 유정란을 소비자에게 바로 다음날 배달해 줄 수 있는 곳은 온라인 쇼핑몰 밖에 없기 때문이다.

보기에 좋은 떡이 먹기도 좋다

제품을 생산하는 업체의 대표라면 당연히 좋은 제품을 만들겠다는 사명감을 가지고 있다. 우리가 거래했던 대표님 중에서는 우여곡절 끝에 정말 좋은 제품을 만들었지만 제품이 안 팔린다며 한탄을 하고 있는 경우도 많았다.

"대표님, 샘플로 주신 제품을 써봤는데 정말 좋더라고요. 그런데 하고 싶은 말이 많으신 것인지 제품 상자에 글씨가 너무나 많습니다. 글씨 크기가 너무 작아서 잘 보이지도 않아요."
"우리가 대대적인 광고를 할 수 있는 것도 아니니, 우리 제품을 사용하는 사람들이 알 수 있도록 자세하게 넣어야 하지 않을까요?"
"핵심만 잡아서 간략하게 하시는 게 소비자들이 보기에 더 좋을 텐데요."
"우리 제품이 워낙 만능이라, 그걸 다 표기해야 소비자가 알아보지요."

위의 대화 속에 등장하는 대표님의 심정을 이해하지 못하는 건 아니다. 하지만 그건 제품 생산자 입장일 뿐이다. 가령, 대화를 할 때 핵심을 잘 정리해 일목요연하게 대화하는 사람이 좋은가, 무슨 말을 하는지도 모르게 장황하게 늘어놓는 사람이 좋은가? 당연하겠지만 일목요연한 게 좋다. 상품 설명도 마찬가지로 소비자가 알아보기 쉽게 핵심을 정리해서 표기해야 한다.

또한 뭐든 다 잘한다며 자신의 장점만 말하는 사람을 믿겠는가, 아니면 진짜 장점만 콕 집어서 정확하게 말하는 사람에게 신뢰가 가겠는가? 당연히 후자 쪽일 것이다. 제품을 홍보하면서 이것에도 좋고 저것에도 좋다고 하면 누가 믿을까. 이 세상에 만능인 제품은 없다. 만능이라 홍보하지 말고 제품의 장점을 정확히 어필하는 게 더 효과적이다. 예컨대 제약회사들은 만병통치약으로 제품을 홍보하지 않는다. "간에 좋다", "피로회복에 좋다", "잇몸건강에 좋다" 등으로 소비자들이 알기 쉽고 혼동하지 않도록 단 한가지에만 초점을 맞추어 제품을 디자인하고 마케팅을 한다. 소비자들은 여러 가지 문구로 빼곡한 전단지를 좋아하지 않기 때문이다.

제품 디자인에 효능이나 성능을 알리는 미사어구를 넣는 대표들의 심리는 대부분 자기만족인 경우가 많다. 이러한 대표들은 소비자 입장에서 생각하려 하지 않는다. 그러면서 제품이 팔리지 않는다고 말하는 대표들의 하소연을 들으면 안타깝다. 소비자를 생각하지 않는 한 문제를 해결할 답은 없기 때문이다.

어떤 대표는 제품 디자인에 지인의 작품을 넣기도 한다. 지인이 회사의 발전을 기원하며 그려준 그림, 글씨 등을 꼭 넣어야 한다는 것이다. 그 제품과 작품이 잘 어울린다면 다행이지만, 그렇지 않다면 디자인에 넣지 말아야 한다. 그 제품을 사용하는 건 소비자이지 대표나 지인이 아니다. 제품 디자인은 소비자의 기호에 맞춰서 해야 한다.

"대표님, 이번에 재고 소진하시면 용기 좀 바꿔보세요."

"저희 용기 예쁘지 않나요?"

"네, 아주 예쁩니다."

"그런데 왜 바꿔야 되죠?"

"대표님 제품과 유사한 용기를 쓰는 회사가 많아서 그렇습니다. 대표님 회사 제품은 질 좋고 가격도 나가는 편인데, 이곳과 유사한 용기를 사용하는 업체들은 싸구려 원료를 사용해 싸게 팔고 있어요. 소비자들의 시각으로 보면 대표님 제품은 그냥 비싸기만 한 제품처럼 보일 겁니다. 그래서 남들과 다른 용기를 사용하시면 좋을 것 같습니다."

중소기업이 수천만 원을 투자해서 제품의 용기 금형을 제작하는 일은 그리 쉽지 않다. 그렇기 때문에 이미 만들어져 있는 용기들 중에서 적당한 것을 골라 제품을 만드는데, 이렇다보니 시중에는 비슷해 보이는 제품들이 많다. 이러한 문제를 해결하기 위해서는 다른 용기를 선택하는 것이 방법이 될 수 있다. 다른 용기를 선택할 때에는, 내 제품 분야와 아예 다른 분야에서 선택하는 것이 좋다. 예를 들어서 화장품 용기를 찾는다면 와인이나 식품 용기 중에서 찾아보는 것이다. 아마 혹자는 너무나 단순한 방법이 아닌지 되물어 올 수 있다. 하지만 이 방법은 실제로 통한다.

일반 제품들과 다른 용기를 사용해 성공을 거둔 예시를 어렵지 않게 찾아볼 수 있다. 하지만 놀랍게도 대다수의 사람들은 이런 생각을 잘 하지 못한다. 그들은 오직 자신이 속한 분야의 제품들만 연구한다. 마트에 가보면 그런 예를 쉽게 찾아볼 수 있다. 똑같은 샴푸 용기, 똑같은 참치 캔 용기들이 넘쳐난다. 나는 다양한 제품의 마케팅 경험을 통해 사람들은 의외로 남들과 다르기 위한 노력을 하지 않는다는 사실을 알고 있었다.

이런 사실은 기업 내부에서도 마찬가지로 일어나는 일이다. 대부분 제품의 내용물을 만드는 데에는 많은 시간과 노력을 투자하면서 그에 비해 디자인에는 10분의 1, 아니 100의 1도 안 되는 짧은 시간을 사용한다. 좋은 음식은 좋은 그릇에 담아야 그 맛을 더한다고 했다. 고급 식당의 음식이 화려하고 맛이 좋아 보이는 이유는 바로 음식이 담긴 그릇과 인테리어 때문이다. 음식을 담는 '그릇'이 제품의 '용기'라면 식당의 '인테리어'는 제품에서는 용기를 담는 '박스'가 될 것이다.

세상에 새로운 아이디어나 제품은 없다고 할 만큼 이미 많은 서비스와 제품들이 출시되었다. 새로 출시되는 제품들은 모방이거나 융합한 것들이 대부분이고, 세간의 화제가 되고 있는 모바일 앱과 서비스들도 대부분 모방과 융합이다. 세상에 둘도 없을 것이라는 세기의 히트작 스마트폰도 융합의 산물이다. 세상은 세상에 없는 아이디어를 원하지는 않는다. 새로운 것보다는 소비자가 원하는 제품과 서비스를 만들어 내는 것이 중요한 세상인 것이다.

많은 대표들이 좋은 제품을 만들기 위해서 노력한다. 그렇게 밤낮을 새워가며 만든 제품이 잘 팔리기를 바라지만 그것은 생각만큼 쉬운 일은 아니다. 제품의 판매까지 생각한다면 좀 더 소비자 입장에서 생각하고, 좀 더 소비자의 눈높이에 맞춰 디자인을 하는 일이 중요하다. 그런 제품들이 대중에게 사랑을 받는다. 모방은 창조의 어머니라고 한다. 세상에 완전히 새로운 것은 없다는 뜻이다. 다른 분야의 제품이나 서비스에서 아이디어를 얻어, 소비자의 눈높이에 맞게 얼마나 잘 변형 · 융합하느냐가 사업의 성패를 좌우한다.

●

11

직원을 행복하게 만드는 복지 노하우

◈

　신의 직장, 복지 천국이라고 하는 구글(Google)은 아침부터 저녁까지 고급 레스토랑 수준의 카페테리아에서 무료 식사를 제공하고, 업무시간의 20%는 자유 시간을 허락하며 무료 출퇴근 버스에는 간단한 간식과 음료가 제공된다. 육아에 필요한 유급 휴가는 물론 기저귀와 분유등도 회사가 모두 지원한다. 또한 업무 집중도와 가족과의 시간을 더보낼 수 있도록 심부름센터 이용권을 무료로 제공하고 있다. 사내 곳곳에는 낮잠을 자거나 쉴 수 있는 휴게 공간이 마련되어 있으며 실내 골프 연습장, 당구장, 볼링장, 수영장, 농구장, 테니스장을 자유롭게 이용할 수 있다. 창의력 증대를 위해서 최첨단 사무실 공간을 꾸밀 수 있도록 지원하는 프로그램도 있다고 한다.

이 많은 복지혜택 중 최상의 복지로 손꼽히는 것은 바로 '사망보험'이다. 직원이 사망할 경우 배정된 주식을 자녀에게 양도해 주고, 연봉의 50%를 10년 동안 지급하고 자녀들에게는 매월 1,000달러씩 별도로 지급한다고 하니 '신의 직장', '복지 천국'이라고 불리는 것이 과장은 아닌 듯하다.

이런 세계의 기업의 복지에 대한 이야기를 접한 대표들은 부러움보다 고민이 앞서는 게 사실이다. 그러면서도 "나도 돈 벌면 저렇게 해줄 수 있지"라는 반응을 보이는 대표들이 의외로 많다. 과연 돈 벌면 저렇게 해줄 수 있을까?

기업을 운영하다보면 잘 되면 잘 될수록 돈 들어갈 일이 더욱 많아지고 투자할 곳도 더욱 많아진다. 그렇다고 하더라도 기업의 복지는 대표자의 의지의 문제이지, 금전적인 문제가 아니라고 생각한다.

복지, '진심'에서 시작해야 한다

"잘 되면 내가 OO 해줄게."

창업한 회사의 대표들이 뻔하게 늘어놓는 대사이다. 나는 이러한 미사어구를 믿지 않는다. 자신이 한 말을 지키는 대표들을 보지 못했기 때문이기도 하지만, 평소에 잘 해주지 못하면서 미래에 잘 하리라고 생각하지 않기 때문이다. 그렇기 때문인지 '평상시 잘하라'는 말이 마음에 더 와닿는다. 나는 회사의 복지가 바로 그래야 한다고 생각한다. 평상시에 복지에 신경 쓰지 않는 대표가 나중에 신경 쓸 확률은 매우 낮으며, 신경을 쓴다고 해도 직원이 아닌 기업의 대외적인 이미지 때문에 복지제도를 도입할 확률이 높다. 그렇다고 해서 창업한지 얼마 되지 않은 회사가 각종 복지 혜택을 주는 것 또한 불가능하다.

내가 생각하는 중소기업의 가장 중요한 복지는 물질이 아니라 마음을 전하는 것이라고 생각한다. 기업이 직원을 하나의 인격체로 존중하고 생각해주고 있다는 진심 말이다.

이런 진심은 복지라고는 찾아보기 힘든 군대에서도 느낄 수 있다. 나는 신임 소대장 시절 월급을, 단 한 푼도 저축하지 않고 소대원들과 함께 쓰겠다고 다짐했다. 하지만 얇은 월급봉투를 받고 나면 소대원들에게 해줄 수 있는 것은 많지 않다는 것을 알게 된다. 어느 날, 의무대 약을 먹었지만 식은 땀이 온몸을 덮고 식사조차 힘든 김 일병이 침낭에 의지해 누워 있는 것을 보았다. 위병소 출입이 자유로웠던 나는 조제약과 따뜻한 쌍화탕을 야전 상의 안에 소중히 품은 채로 돌아왔다.

"김 일병, 이 약 먹고 자!"

약을 먹는 내내 김 일병 눈에는 눈물이 흐르고 있었다. 시간이 지나 김 일병은 상병을 거쳐 병장이 되었다. 뒷짐 지고 있어도 괜찮을 터인데 그는 항상 작업과 훈련에 열심히 임했다. 그리고 유독 나를 챙겼다. 김 병장이 전역을 얼마 남겨두지 않은 소대 회식 날, 그가 내 옆에 앉았다. 감사의 마음을 전하던 그때 그의 표정과 목소리가 아직도 귓가에 선하다.

"소대장님, 그때 정말 감사했습니다. 누군가 저를 위해 약을 사 준 건 그때가 처음이었습니다."

나는 회사 직원들 중 누구라도 몸이 아프면 나 때문인 것 같아서 유독 마음이 쓰인다. 때문에 아픈 기색이 있으면 곧바로 일을 중단시키고 무조건 병원부터 가게 한다. 가만 보니, 계절이 바뀔 때마다 병치레를 하는 직원이 한 명 있었다. 그가 사무실 내에서 기침을 심하게 하던 날 나는 직원을 데리고 병원으로 가서 링거를 맞게 했다. 그리고 편히 쉬다가 바로 퇴근하라는 당부의 말을 남기고 돌아섰다. 그리고 며칠이 지나서 완쾌된 직원이 내게 시간을 물어왔다. 내게 밥을 사고 싶다는 거였다. 그날 처음 나는 직원에게 밥을 얻어먹었다. 그는 밥을 먹으면서도 "부모님도 링거를 맞춰준 적이 없었다며" 감사의 인사를 거듭했다. 직원 한 사람, 한 사람을 걱정하는 내 진심이 전달된 것 같아 기분이 좋았다.

나는 직장이 고용인과 피고용인, 상급자와 하급자로서 일하는 공간 이전에 사람과 사람이 사는 곳이라고 생각한다. '아플 때 가장 서럽다'는 말이 있다. 열심히 일하는 사람이 아프면 돌봐주는 게 당연한 것이다. 직원이 아프면 안타까운 마음을 전하는 것이 중소기업에서 할 수 있는 작지만 꼭 필요한 복지라고 생각한다.

복지를 생각하면 빠질 수 없는 것이 회식이다. 옛날 같으면 좋아했을지도 모르는 회식이 요즘은 잘 통하지 않는다. "부어라, 마셔라" 하던 회식문화는 점차 사라져가고 있다. 나 또한 의미 없는 잦은 회식에 반대하는 입장이다.

회사 입장에서 고생하는 직원을 격려하고 단합을 꾀하는 목적으로 회식을 한다지만, 이러한 의미로 회식을 받아들이는 직원은 없다. 정말 직원들을 위한 자리라면 그들의 기호를 파악하는 것이 먼저가 아닐까. 직원의 눈높이에 맞출 때 대표의 진심이 전해질 수 있다.

그래서 나는 1차, 2차, 3차로 이어지는 회식 문화보다는 평소에 자주 먹지 못하는 고급 스시나 레스토랑, 와인 바에서 식사하며, 새로운 경험을 선사하는 일이 좋다고 생각한다.

"와인을 받을 때는 손을 잔 아래에 이렇게 두는 거고, 건배는 잔을 옆으로 기울여 부딪치는 거야."

젊은 직원들에게는 새로운 식문화에 대한 경험과 더불어 예절도 함께 알 수 있으니 금상첨화일 것이다. 음식이 나오는 내내 사진을 찍는 기쁨은 덤이다. 몇 번 이런 회식 자리를 가져보니 여직원들뿐 아니라 남자 직원들도 이러한 회식 자리를 선호한다는 사실을 알게 되었다. 남자 직원들은 소주나 맥주를 마시는 회식을 좋아할 것이라는 생각은 착각이었다. 요즘 젊은 세대들은 건강과 개인생활을 중요시해서 늦게까지 회사 사람들과 과음하는 것을 피하는 분위기다. 이런 특별한 곳에서 회식을 진행하더라도 과거의 회식에 비해 비용이 상승하지 않는다. 1~3차까지 이어지는 회식 비용에 택시비까지 지급했던 것을 감안하면 말이다. 꼭 고급스러운 곳이 아니더라도 가까운 맛집을 찾아다니는 것도 즐거운 회식문화가 될 수 있다. 그리고 2차가 필요하다면 직원들이 함께 영화를 보거나 볼링을 치는 등 여가활동을 지원하는 것도 좋다.

창업한지 3년 만에 10여 명의 직원들과 함께 야유회를 가게 되었다. 보통 워크숍과 야유회라는 단어를 구분 없이 사용하는 경우가 많은데, 목적성에 확연한 차이가 있다. 워크숍(Workshop)은 보통 팀별로 성과 발표와 함께 아이디어 회의를 주목적으로 하는 데 반해, 야유회는 말 그대로 야외에서 노는 것을 뜻하기 때문이다. 하지만 단지 노는 것만을 목적으로 회사 야유회를 가서는 안 된다. 그래서 내가 정한 야유회의 원칙은 색다른 경험을 할 수 있어야 한다는 것이었다. 직원들에게 가장 즐거웠던 야유회 경험을 물어보면 '카트라이더, 인공 암벽 타기, 전자식 서바이벌 게임'을 꼽는다. 그 이유는 처음 경험하는 일에 대한 흥미와 재미 때문이었다. 우리 회사는 직원들의 의견을 수렴하여 매년 새로운 경험을 하기 위해서 야유회를 떠나고 있다. 그래서인지 만족도가 아주 높다.

최고의 복지, 급여!

"벌써 3개월째야. 이제 정말 그만둬야 할까?"
"그러게. 이제 카드 돌려막기도 쉽지 않네."

중소기업을 다니던 직원들의 퇴사 이유는 다양하지만, 급여가 제때 지급되지 않기 때문에 회사를 그만두는 경우가 많다. 일하는 것에 비해 급여가 박하거나, 해가 바뀌어도 연봉이 불변하는 경우도 그렇다. 우리가 일을 하는 이유로 비전과 꿈을 많이 말하지만, 생계를 이어갈 수 없다면 꿈도 비전도 생각할 수 없다. 창립 멤버라고 할지라도 장기간 급여가 지급되지 않으면 포기하는 사람도 많다. 생계를 책임져야 하는 기혼자라면 더더욱 그럴 것이다.

나는 사업을 시작하고 세 번의 실패를 하면서도 급여만큼은 단 한 번도 밀려본 적이 없다. 물론 거래처의 대금도 지불하지 않은 적이 없다. 네 번째 사업을 하는 지금에도 이 원칙을 지키고 있다. 급여가 제때 지급되어야 직원들이 안정감 있게 일하고, 거래처에 대금이 제때 지급되어야 일이 제대로 돌아갈 수 있기 때문이다.

그렇다면 흙수저 대표인 나는 어떻게 한 번도 밀리지 않고 지급할 수 있었을까? 방법은 간단하다. 나는 직원들의 월급이나 거래처 결제대금이 부족하면 대출, 카드론, 현금서비스 등 수단과 방법을 가리지 않고 동원해서 지급했다. 절대로 가족, 친구 등에게 빌리지 않았다. 나 때문에 다른 사람들까지 힘들게 할 수는 없었다. 내 능력으로 감당할 수 없을 때에는 사업을 접었다. 그래서 사업에 실패했을 때 거래처나 직원들과의 관계에서 문제가 있었던 적은 단 한 번도 없다. 대신 은행과 카드사의 빚 독촉만 넘쳐났을 뿐이다.

네 번째 사업을 하는 지금도 급여와 거래처 결제대금을 밀려본 적이 없다. 예전과 달라진 게 있다면 이제는 카드론과 현금 서비스를 사용하지 않는다는 것이다. 나의 신용도가 낮아지면 회사의 신용도 역시 낮아진다는 사실을 알았기 때문이다. 직장에서 금융관리 업무까지 맡게 되면서 은행과 보증기관을 활용하는 방법도 채득했기에, 대표자인 나의 신용을 관리하면서 기업의 성장에 맞춰 은행과 보증기관의 지원을 받았다.

기업의 모든 책임은 대표가 혼자 져야 한다. 간혹 직원들에게 희생을 강요하는 대표들도 있는데 올바르지 않다고 생각한다. 나를 믿고 따라와 준 것만 해도 감사한데 어떻게 다른 짐을 지우겠는가. 직원들이 회사에 바라는 것은 생각보다 거창하지 않다. 급여를 제때 받고, 노력한 만큼 회사가 진심으로 고마워하며 최소한의 보상을 해주는 것이다. 근로기준법에서 정한 기본적인 휴가와 복지를 누리는 것만으로도 만족하는 직원들이 많다. 회사가 망하거나 말거나 나는 무조건 많이 받겠다고 주장하는 직원도 없다.

돈이 없어서 직원복지를 할 수 없다는 말은 "복지에 관심이 없다"는 말과 다르지 않다. 직원들은 회사에게 크게 바라지 않는다. 특히 이제 막 창업한 회사라면 더더욱 그렇다. 직원을 어떻게 기분 좋게 해줄 수 있는지 궁금한가? 말뿐인 인사치레보다 진심을, 경영진 입장이 아니라 직원의 눈높이에 맞춘 복지를 제공하는 것이다.

우리 회사는 창립 초기에 야근이 많았다. 하지만 현재 우리 회사 내 야근은 상당부분 줄었다. 회사가 성장하고 이익이 창출되면서 지속적으로 인력을 충원했기 때문이다. 하지만 회사가 원칙적으로 야근을 배제한다고 해도 모든 경우의 수를 원천 봉쇄할 수는 없다. 보다 좋은 실적을 거둬 진급하거나 연봉이 조정되길 바라는 직원들도 있고, 이제 막

입사한 신입사원이라면 업무에 적응하는 과정에서 야근을 할 수밖에 없는 상황이 발생하기도 한다. 결국 회사는 개인의 발전과 함께 성장해 나가야 하는 것이다. 그렇기 때문에 회사는 개인의 노력에 대해서 아낌없는 지원과 보상을 해주어야 한다.

이런 생각을 품고 있던 나는 2016년 49억 원의 매출을 달성했을 때 비로소 실행에 옮기기로 했다. 우리 직원들의 연봉 테이블을 대폭 개선하기로 마음먹은 것이었다. 나는 곧장 임원회의를 소집해 직원들에 대한 연봉 테이블 재정비를 시작했다.

"정말 고생했습니다. 여러분들 덕분에 매출이 많이 늘었네요. 현재 우리 업계의 평균 연봉이 어떻게 되나요?"
"주변에 우리와 같은 업종의 중소기업들을 보니 판매를 담당하는 온라인 MD(Merchandiser)는 OO만 원이고, 디자이너의 경우 OO만 원 정도 되던데요."
"그래, 그럼 우리는 그 업체보다 연봉을 더 높게 줍시다."
"직원들이야 좋아하겠지만 괜찮으시겠어요?"

회의 후, 회계 팀을 통해 연봉 인상액을 반영해 급여액을 산출해보니 기존보다 매월 1,000만 원 이상 추가 지급되어야 했다. 거기에 4대 보험료와 신규채용 계획을 더해 보면 1,500만 원 이상의 비용이 되었고, 퇴직금과 기타 제반 경비까지 생각한다면 2,000만원 가까운 자금이 매월 고정비로 추가 지출되어야 하는 상황이었다. 결론부터 말하자면, 나는 이 일을 단행했다.

지금까지 박봉의 월급을 받으면서도 야근을 불사하며 일해 준 직원들이라면, 앞으로는 더 열심히 일해 줄 것임을 확신했기 때문이다. 직원들을 향한 나의 믿음은 머지않아 더 큰 성과로 돌아왔다. 그 다음해 우리 회사는 두 배 이상의 성장률을 보이며 120억 원의 매출액을 기록했다. 이렇듯 대표는 직원들에게 자신을 믿고 따라와도 좋다는 것을 보여주어야 한다.

또한 회사에 조금이라도 여윳돈이 생기기 시작했을 때 대표자 자신의 방과 겉모습을 먼저 꾸미기보다는 직원들의 근무 환경부터 개선하려는 노력을 보여주자. 대표에 대한 믿음이 굳건한 직원들은 행복하게 일할 수 있다. 대표가 직원을 위하고 팀장이 팀원을 먼저 생각하고 배려하는데, 복지 제도가 부족하다고 해서 불만을 가질 직원은 그리 많지 않다. 이제 막 창업한 중소기업에서 할 수 있는 최고의 복지는 물질이 아니라 마음이다. 직원들에 대한 관심을 적극 표현해 대표자의 진심을 전해보자.

●

12

어떻게 직원을 뽑을 것인가?

⊕

"명문대 출신이 많이 늘었어요. 석박사 출신들도 많이 늘고 있고요."

모 회사에서 팀장으로 일하는 후배가 찾아와 푸념 어린 소리를 늘어놓는다. 상장기업이 되면서 자신보다 학력이 좋거나 높은 직원들이 입사하는 것이 썩 달갑지 않은 모양이었다. 그도 그럴 것이 뛰어난 스펙을 가진 직원들은 남들보다 빠른 승진을 해서 선배보다 더 높은 상급자가 되기도 한다. 실제 기업 현장에서 이러한 현상이 심심찮게 벌어지고 있다. 대개 기업이 성장하면서 기관의 연구사업을 수주하고 싶을 때 그렇다. 연구원들의 학력수준을 기재해야 하고 이러한 학력이 사업을 수주하는 데 영향을 미치기도 한다.

간혹 성공한 CEO들의 모임에 나가면 직원들의 학력수준을 비교하는 경우가 있는데, 모임에서 창피함을 면하기 위해서 명문대 출신의 직원을 채용하는 대표들도 있다. 과거에는 기업들이 정치와 연계하여 성장했고, 당시에는 국가 권력기관의 관료들과 동일한 명문대 출신을 채용히여 학연을 통한 영업으로 성장의 발판을 만들었던 것도 사실이다. 하지만 이러한 경향은 점차 바뀌고 있다. 대기업만 보더라도 예전과 달리 명문대 출신의 임원들이 줄어들고 있다. 학벌보다 실력과 개성이 가치를 인정받는 지금의 시대 흐름상 명문대 출신을 고집할 필요는 없는 것이다.

우주선을 만들 것이 아니라면 학력 따윈 필요 없다

삼성그룹의 입사를 위해서 치러야 하는 삼성직무적성검사(SSAT)에는 매년 평균 10만 명이 지원해 판·검사 경쟁률보다 치열하다. 최근 서울시 공무원 7·9급 공채시험에는 13만 명이 응시해 86.2대 1의 경쟁률을 보였다고 한다. 그러나 중소기업 채용공고에 지원자는 극소수에 불과하다. 아마 직원 채용을 기다리는 중소기업 대표들은 비슷한 심정일 것이다. 뉴스에서는 연일 취업난이 심각하다는데, 이상하게도 중소기업에서 입사지원자를 찾아보기란 하늘에 별 따기다. 이렇다 보니

"우리 회사는 면접만 보면 합격입니다"라고 이야기하는 중소기업 대표들의 씁쓸한 농담이 그저 단순한 농담으로 느껴지지 않는다.

그렇다면 중소기업의 채용 기준은 아무 문제가 없는 걸까? 나는 중소기업들이 인재를 채용하지 못하는 이유 중 하나가 채용 눈높이가 너무 높은 것이라고 생각한다. 4년제 대학 졸업자를 최소한의 학력기준으로 삼고 있는 중소기업들이 매우 많다. 하지만 나는 기업 대표들을 만나면 직원채용시 학력을 보지 말고 그 사람의 인성에 초점을 맞추어 채용하라고 권한다.

"우주선 만들 것도 아닌데 학력 따윈 볼 필요가 없죠."

학력을 보지 않는다는 뜻은 학력에 의한 연봉체계를 없애겠다는 것을 의미하기도 한다. 우리 회사는 학력에 의해서 연봉을 책정하지 않는다. 고졸자와 대졸자의 업무능력의 차이는 거의 없다고 봐야 한다. 오히려 고졸자 직원 중 일찍부터 사회생활을 시작해 경험을 쌓은 덕분에 업무성과가 월등한 경우가 더 많았다. 우리 회사가 우주선을 만드는 등의 연구 집중의 회사가 아니니까 가능한 이야기라고 말할 수도 있겠지만, 나는 인재채용에 있어서 학력이 기준이 될 필요가 없다는 확신을 갖고 있다. 이런 확신은 사업을 하면서 여러 직원들을 겪으며 더욱 확고해졌다. 그래서 나는 학력, 경력보다는 그 사람을 다각적으로 살펴보고 뽑는다.

　나도 체육학과를 졸업했지만 대기업의 소프트웨어 기획 일을 포함해서 전공과 무관한 업무를 수행하면서도 남들과 다른 성과를 이룬 경험이 있기 때문에 더욱 그럴 것이다. 우리 회사뿐 아니라 대부분의 회사들이 우주선을 만들 정도의 최첨단 기술과 지식을 가진 인재를 필요로 하지는 않을 것이다. 그냥 사람이면 할 수 있는 일, 다른 사람보다 좀 더 열심히 하고 시행착오를 거쳐 개선해 나가면 잘 할 수 있는 일을 사업으로 영위하고 있을 것이다. 그렇다면 고졸이든 그 이하의 학력이든 채용의 기준을 낮추고 인성을 중심으로 직원을 채용하는 것이 바람직하다.

친구를 추천하고 싶은 회사

"직원 추천 시 100만 원을 지급하겠습니다."

　직원 채용에 골머리를 앓던 한 중소기업의 대표가 이런 공약을 내세웠다. 사내에 게시하며 직원들을 독려했지만 그 후로도 결국 직원을 뽑지 못했다.

"세상에 이렇게까지 했는데도 직원을 못 뽑다니. 뭐 좋은 방법 좀 없을까?"

"솔직히, 대표님 같으면 대표님 회사에 직원으로 입사하고 싶으세요?"

나는 친하게 지내는 기업의 대표에게 쓴 소리를 했다. 창업한지 5년을 넘어섰고 사업규모와 매출도 상당히 성장했지만, 여전히 업무량에 비해서 직원 수는 턱없이 부족해 야근을 밥 먹듯이 할 수밖에 없는 구조였고, 연봉도 올려주지 않았으며, 근무 환경도 개선되지 않았다. 심지어 거래처에서 수금을 다 받지 못했다는 이유로 급여를 며칠씩 지연해 지급하는 경우도 있었다. 급여를 지연할 만큼 자금 사정이 안 좋은 것도 아니었는데 말이다. 이런 가운데도 대표자의 차량은 영업을 이유로 자주 변경되었다. 바뀌는 차마다 최신식 고급 외제차였다. 그는 복지와 근무 환경을 개선하는데 투자할 여력이 되지 않는다는 말을 버릇처럼 하고 다녔지만, 정작 직원들은 대표의 말에 공감할 수 없었을 것이다.

이 회사에서 4년여 동안 근무하다 퇴사한 대리에게 퇴직 사유를 물었다. 그는 회사에 "발전이 없기 때문"이라고 답했다. 시간이 지나 직급이 두 단계나 올랐지만, 아래에 직원을 뽑아주지 않아 자신이 늘 막내였고, 하는 일은 점점 많아졌다고 하소연했다.

만약 직원의 입에서 "발전이 없다"는 말이 나오면 귀담아 들을 필요가 있다. 이 말에는 두 가지 의미가 있다. 첫 번째는 말 그대로 비전을 느낄 수 없다는 뜻이다. 직원들은 누구나 자신이 하는 일에 비전이 있기를 바란다. 열심히 일해도 회사 내에서 인정받지 못하고, 그 회사가 대외적으로도 성장하지 못할 것이라고 판단되면 비전을 찾기는 어려울 것이다.

　　두 번째, 발전이 없다는 말은 만족스럽지 못한 보수를 의미한다. 회사가 성장하고 매출이 증대되면 기여한 직원에 대해 금전적인 보상을 해주어야 한다. 하지만 기업의 대표가 그동안 투자한 비용을 회수하는 것에 초점을 맞추고 있다면, 당연히 직원에 대한 보상은 생각하지 못하게 될 것이다. 직원의 연봉은 발전하지 않는데 대표 홀로 경제적 여유를 누린다면, 어떤 직원이 그 회사에서 열정을 불태울 수 있을까.

　　나 또한 중소기업을 경영하면서 가장 어려운 점이 직원 채용이었다. 많은 고민 끝에 찾은 결론은, 친구를 추천하고 싶은 회사를 만들자는 것이다. 그래서 회사가 성장할 때마다 사무실을 이전하거나 근무환경을 개선하고 연봉을 올려주는 등 직원들을 위한 복지 개선에 최선을 다해왔다. 복지는 직원들의 말을 귀담아듣는 것에서부터 시작해야 한다.

"의자가 불편해요. 점심시간이나 피곤할 때 잠시 기대서 눈 붙일 수 있는 의자면 좋겠어요."

"냉장고와 전자레인지가 하나씩 더 있으면 좋겠어요. 직원이 많아져서 하나로는 부족해요."

"화장실 하수구 냄새가 심해요. 고쳐주시면 좋겠습니다."

이와 같은 문제들은 사소한 일로 치부해 그냥 넘길 수도 있지만 반대로 이런 의견을 반영해 개선해주면 직원들에게 좋은 인상을 심어줄 수 있다. 나는 이런 일이 대단히 중요하다고 생각한다. 대표가 직원의 의견을 존중해주고 근무 환경과 복지를 개선시켜주면, 직원들은 회사가 좋아지고 있고, 앞으로 더 좋아질 것이라는 기대를 하게 된다. 회사에 대한 직원의 기대는 직원이 회사의 미래를 함께 꿈꿀 수 있도록 비전을 제시해준다. 실제로 해를 거듭할수록 직원들의 만족도가 오르고 있다. 만족감이 신뢰로 쌓이면서 직원들은 SNS에 자신의 일하는 모습을 소개하기도 하고, 회사 내 카페에 친구와 애인들을 초대하는 경우도 생겨났다. 채용공고가 있을 때에는 자신의 친구나 지인에게 공고 사실을 알리는 일이 자연스럽게 이루어졌다.

열심히 노력하고 있지만, 아직 우리 회사가 갈 길은 멀고도 멀다. 대기업의 시원시원한 복지 수준과 근무 환경에 비하면 새 발의 피에 불과하다. 현재도 직원들이 근무하면서 불편하거나 불만족한 부분이 있을 것이다. 그렇기 때문에 대표는 직원들에게 회사가 성장할수록 직원에 대한 복지가 더욱 좋아질 것이라는 믿음을 주어야 한다. 그것이 중소기업이 좋은 인재를 보유할 수 있는 가장 확실한 방법이다.

실무자가 직접 직원을 뽑게 하라

TV 드라마에서도 종종 그려지지만 실제 회사에는 소위 '낙하산' 인사가 들어올 때가 있다. 회사의 임원들과 팀장들이 면접을 통해 채용된 직원을 바라보는 팀원들의 시선은 곱지 않다. 겉으로 드러내놓지는 않지만 속에 불만을 품고 있어, 그 직원과 말을 섞지 않는 등 따돌리는 분위기가 연출되기도 한다.

나 역시 비슷한 경험을 가지고 있다. 직장생활을 하던 시절에 겪은 일인데 간부들이 뽑은 신입사원 때문에 골머리를 썩은 적이 있다. 그가 대표이사의 친인척이라는 사실 때문에 더욱 곤욕스러웠다. 솔직히 그 사람 때문에 그만두고 싶다는 생각을 한 적도 있었다.

"대표님, 이번에 저희 팀의 팀원을 한 명 더 채용하려고 하는데요. 괜찮을까요?"

"채용하려는 목적이 뭔가요?"

"판매처를 늘리려고 하는데 지금 관리 인력으로는 어렵습니다."

"그럼 그렇게 하세요. 연봉은 OOO만 원 이내로 하고 그 이상일 경우 애기해주세요."

나는 우리 회사의 신입사원 채용을 해당 팀에게 일임해, 팀 내부의 논의를 통해 알아서 채용하도록 하고 있다. 해당 부서의 팀장은 자신의 팀원들과 함께 면접을 진행해 신입사원을 채용한다. 신입사원 채용에 팀원들이 참여하는 이유는, 업무성과와 효율을 높이기 위해서이기도 하지만 함께 일할 직원에 대한 책임감과 연대 의식을 심어주기 위함이다. 놀라운 점은 채용을 통해서 팀장과 팀원들의 사람을 보는 안목이 올라간다는 것이다.

가끔 내가 면접에 참여할 때가 있다. 팀장 이상의 직급자나 회계직원을 채용할 때이다. 팀장급 이상의 직원 그리고 회사의 자금을 담당하는 직원은 회사의 존립에 영향을 미칠 수 있고, 내가 직접 업무를 지시해야 하는 직원들이기에 면접에 참여한다. 인재 채용에 대한 나의 관점은 "자신이 함께 일할 직원은 자신이 면접을 보라"는 것이다.

창업 초기에는 대표와 창립 멤버들에 중심으로 회사가 성장해 나간다. 하지만 성장을 거듭할수록 한계점에 다다르게 된다. 이때가 되면 직원들을 새로 채용해야 한다. 이때 신입 직원을 채용하는 일은 신중을 기해야 한다. 회사에 좋은 직원이 들어오면 기업은 지속적인 성장을 할 수 있다. 반면 직원이 잘못 들어오면 성장이 멈추거나 추락하게 된다. 그만큼 직원 채용은 기업에게 매우 중대한 사안이다.

때문에 여러 지원자 중에서 좋은 직원을 가르려거든 학력이 아닌 성실성과 열정을 기준으로 뽑아야 하고, 직원 평가는 오직 업무성과(능력)에 의해서 이루어져야 한다. 그러기 위해서는 대표가 모든 걸 좌지우지 하는 것보다 실무자에게 맡기는 게 낫다. 현장에서 일하는 실무자의 눈은 대표의 눈보다 훨씬 더 매섭기 때문이다. 한편으로 대표가 할 일은 따로 있다. 우수한 직원을 채용하고 싶다면 우수한 업무 환경을 만들어야 한다. 그러므로 대표는 기업의 이익이 우수한 업무 환경을 만드는데 먼저 사용되어야 한다는 사실을 명심하고 있어야 한다.

13

100% 정규직의 힘

"정규직 전환하라고 자꾸 압박하니 죽겠어."

"맞아, 갈수록 회사 운영하기가 힘드니 원."

"기업을 이렇게 못살게 굴어서 어디 나라가 잘 되겠어?"

"회사부터 살아야 직원들도 살지. 회사가 존재해야 직원들도 월급 받는 거라고. 안 그래?"

회사 대표들이 모인 자리에서 누군가 푸념을 시작했다. 그러자 여기저기서 공감의 목소리가 터져 나와 맞장구를 쳤다. 정규직을 강요하고 최저임금을 급속하게 인상해 나가는 정부의 정책에 대해 쓴 소리를 하는 대표들이 많다. 그들의 말은 모두 일리가 있는 이야기이다. 정규직 전환과 최저임금 인상은 중소기업을 운영하는 대표들에게 큰 압박으로 다가오는 게 사실이다. 거기에 덧붙여 법으로 정해 놓은 정기휴일 수는 점차 증가하고 있고, 근로시간 단축 법안이 통과되어 일을 하는 시간은 자꾸만 줄어들고 있다. 그야말로 직원들은 살 맛 나고 대표들은 죽을 맛 나는 세상이 다가오는 듯하다. 이런 추세에 중소기업계에서는 차라리 문을 닫는 게 나을지도 모르겠다는 말이 터져 나오고 있다. 중소기업의 상황이 점점 열악해지는 것처럼 느껴지는 이 시점에서 나는 다른 대표님들께 관점을 달리해 볼 것을 권하고 싶다.

대표가 사업하는 이유 = 직원이 직장 다니는 이유

가장 먼저, 기업의 대표들이 왜 사업을 하는지 그 이유에 대해 생각해볼 필요가 있다. 수많은 이유들이 있겠지만 원천적으로는 먹고 살기 위해서일 것이다. 그렇다면 직원들은 왜 직장을 다닐까? 역시 먹고 살기 위해서일 것이다.

만약 당신이 하고 있는 일이 돈벌이가 되지 않는다면 즉, 먹고 살지 못하는 일인데도 그 일을 계속할 사람은 지극히 드물 것이다. 이러한 관점에서 볼 때 대표와 직원이 일을 하는 원천적인 목적은 같다고 생각한다. 이렇듯 목적이 같다면 대표도 잘 살고 직원들도 잘 사는 구조를 만들 필요가 있다. 그 외의 거창한 목표는 먹고 사는 문제를 해결한 이후에 세워야 한다.

"직원들이야 다른 회사에 가면 되지만, 대표인 나는 다 잃게 되잖아."

이 말에는 직원의 대다수를 비정규직으로 고용한 어느 대표의 속내가 훤히 드러나 있다. 사실 틀린 말은 아니다. 회사의 대표는 사업이 잘못되면 모든 것을 잃게 된다. 심지어 가족까지 잃는 경우도 많다. 정규직 직원 채용이 부담되지 않는 중소기업은 지구상에 없을 것이라고 생각한다. 하지만 정규직의 문제는 단지 직원에게만 국한된 것이 아니다. 한 회사의 정규직 직원 숫자는 그 회사의 업무가 발전적이고 영속성이 있는지에 대한 문제와 직결되기 때문이다.

직원이 자주 바뀐다면 회사 업무가 책임감 있고 지속적으로 이어지기 힘들다. 비정규직 100%인 회사에서 백년대계를 세울 수 있을까? 권한이 없으면 책임을 기대하기가 힘든 법이다. 가령 자신이 운영하는 기업의 대표 자리라도 기한이 정해져 있다면 아마도 최선을 다해서 일하지 않을 것이다. 대표든 직원이든 마찬가지이다. 근로기한을 제한하지 않는 기본 조건이 충족되어야만 열심히 일할 수 있다. 때문에 대표는 마땅히 직원에게 안정적인 일자리를 보장해야 한다. 안정적인 기업에 속해 있을 때 직원은 최선을 다해 일할 수 있다.

네 번째 창업을 한 후 6개월이 지난 시점부터 우리 회사는 100% 정규직 체제를 고수하고 있다. 직원 본인의 요청으로 단기간이나 시간제로 일해야 할 경우를 제외하고는 모두 정규직으로 채용했다. 부담이 없다고 한다면 사실이 아닐 것이다. 하지만 나는 100% 정규직 채용이 기업에 부담보다 더 큰 시너지 효과를 가져다 준다고 믿기 때문에 이런 룰을 바꿀 생각은 없다. 기업의 성장에 시너지 효과를 줄 수 있는 게 하나 더 있다. 그건 바로 대표와 직원간의 신뢰관계이다. 중소기업은 안정적으로 자리를 잡기 전까지 겪는 어려움이 많기 때문에 직원들의 양해가 필요한 부분이 분명 존재한다. 이때, 직원과 대표 사이의 신뢰가 형성되어 있다면 어려움을 이겨내고 성장할 수 있다.

회사가 먼저 직원에게 본을 보여야 한다. 다시 말해, 대표가 먼저 직원을 가족과 같은 마음으로 대해야 한다는 것이다. 직장은 제2의 집이라고 할 만큼 오랜 시간 머무르는 공간이다. 그렇기 때문에 집만큼 인간적인 교류가 필요하다.

"밤늦게까지 고생했어요. 택시타고 편하게 들어가요."
"좀 더 넓은 집으로 이사한다면서요? 정말 축하해요. 약소하지만 이걸로 이삿날 식사라도 해요."

흙수저 대표로 시작해 풍족한 경영 환경을 갖추고 있지 못하지만,

직원들을 위하는 진심을 전하기 위해 나는 매일같이 노력하고 있다. 이런 나를 두고 직원들에게 많은 배신을 당했다는 대표들이 조언한다. 그들은 내게 직원과 일정 거리를 두라고 이야기하지만, 나의 생각은 다르다. 대표가 먼저 다가서면 직원들 역시 믿고 따라와 준다. 이런 식으로 대표와 직원간의 두터운 신뢰가 형성되면 회사의 성장에 좋은 영향을 끼칠 수 있다고 생각한다.

월급에 '감사함'을 더하다

직원들 월급날만 되면 도망하고 싶다고 말하는 대표들이 있다. 나도 그랬던 경험이 있다. 대표 입장이 되면 한 달, 한 달이 정말 빠르게 흘러간다. 급여일이 왜 이렇게 빠르게 돌아오는지 알다가도 모를 일이다. 이와 관련해 스트레스를 받던 어느 날 나는 생각을 바꿔 먹기로 결심했다. 회사를 운영하는 한 급여일은 계속 반복해 찾아올 텐데, 그때마다 스트레스로 받자니 나부터 견디기가 힘들겠다는 생각이 들었다. 그래서 급여일을 직원들을 격려할 수 있는 좋은 날로 받아들이기로 했다. 그 이후로 나는 아무리 회사가 어려워도 급여를 더 잘 챙기고 더 많이 격려했다. 회사가 어려워지면 직원들에게 숨기려고 노력해 봐도 어떤 식으로든 알려질 수밖에 없다. 오히려 그렇기 때문에 직원을 우선적으로 챙기려는 나의 마음이 직원들에게 어느 때보다 더 잘 전달될 것이라고 생각했다.

네 번째 사업을 시작하고 얼마 지나지 않았을 때 합류한 창립 멤버들은 이전 직장에서 퇴사할 때 받지 못한 급여 때문에 힘들어 하고 있었다. 멤버들은 내게 급여를 가불해 줄 수 있는지 물어왔다. 현실적으로는 카드론을 통해 천만 원을 받아 시작한 회사이기 때문에 급여를 미뤄도 시원치 않을 상황이었다. 가불은 거의 불가능한 일이었다. 하지만 나는 기꺼이 지급하기로 했다. 힘든 상황이었지만, 당장 몇 백의 금액보다 직원과의 신뢰가 더 중요하다는 것을 알았기에 애를 쓴 것이다. 일반적으로 사람의 마음은 간사해서, 자신이 어렵다고 남을 돕지 않는 사람은 풍족해졌을 때에도 돕지 못한다. 나는 간사한 사람이 아닌 직원에게 믿음을 주는 대표가 되고 싶었다. 과거의 그날로부터 지금까지 매월 10일은 우리 회사의 급여일이다. 창립 이래 급여일은 단 한 번도 바뀌지 않았고, 급여일을 어겨본 적도 단 한 번도 없었다. 그리고 바뀌지 않은 것이 하나 더 있다. 바로 감사함을 가지고 급여를 지급하는 것이다. 한 달 동안 수고한 직원들에게 나는 진심으로 감사하는 마음을 갖고 있다. 그리고 나는 이와 같이 직원들의 급여일을 기쁨으로 맞이하는 습관이 곧 성공의 습관이 되었음을 확신한다.

직원들은 급여가 가급적 일찍 지급되기를 소망한다. 카드값이나 공과금 등이 빠져나가야 하기 때문이다. 하지만 사업 초기엔 이런 직원들의 바람을 들어주는 일이 결코 쉽지 않았다. 매월 10일은 거래처의 대금 회수 및 결제를 마쳐야 하는 날이기도 했다. 거기다 급여까지 정확하게 맞추는 건 정말 어려운 일이었다. 그래서 처음엔 급여일이 휴무일일 경우 다음 영업일에 급여를 지급하기도 했다. 하지만 회사 자금에 여유가 생긴 직후부터 급여는 급여일 오전에 지급하고, 휴무일에는 그 전날에 지급하고 있다.

나는 회계 · 정산팀에게 거래처 대금을 지급하는 날짜가 휴일인 경우, 휴일 이전에 입금하도록 하고 있다. 영업자들을 통해 자금이 급박한 거래처에 대한 이야기를 들으면, 그쪽만이라도 거래대금을 앞당겨 지급한다. 거래대금을 앞당겨 지급한만큼 우리 회사에 대한 대외적 신뢰감도 좋아졌다.

누군가 대표로서 가장 행복을 느낄 때가 언제냐고 묻는다면 나는 직원들 월급을 주는 날이라고 답하고 싶다. 나는 월급이 생존권이라는 원천적인 의미에서 벗어나, 직원들 스스로 보람을 느끼며 새로운 것을 경험하고 자신을 발전시키기 위한 수단으로 사용될 수 있기를 기대한다. 이를 위해 즐거운 월급날을 만들어 나갈 것이다.

●

14

회사를 살찌우는 인맥 만들기

⊕

주변을 둘러보면 신기할 만큼 인맥이 많은 친구들이 있다. 이런 사람은 소위 '마당발'이라고 불리며 많은 사람들에게 부러움을 산다. 하지만 인맥부자라고 다 좋은 것은 아니다. 자신이 가지고 있는 인맥이 진정 서로에게 도움이 되는 관계인지 되짚어 볼 필요가 있다.

내가 아는 마당발들은 각종 친목 모임과 행사 등에 자주 등장한다. 때로는 본업이 무엇인지 알 수 없을 정도로 많은 사람을 만난다. 하지만 그렇게 다수와의 인연을 강조하다 보면 정말 소중한 인연을 놓칠 수 있음을 유념해야 한다. 내 주변에 실제 이런 경험을 한 사람이 있다.

주변 사람들에게 넓은 인맥으로 소문이 자자한 한 후배가 있었다. 그의 페이스북에는 다른 사람과 함께 찍은 사진이 정말 많았는데, 개

중에는 대중에게 잘 알려진 유명인도 적지 않았다. 나는 어느 날 우연히 후배의 페이스북에 들어갔다가 그가 어떤 유명인과 찍은 사진을 보게 되었다. 후배는 유명인이 나타난다고 소문난 모임이나 강연회장에 찾아가 인증샷을 찍는 것을 좋아했는데, 마침 후배의 페이스북에 올라온 사진 속 유명인은 나와 친분이 있는 사람이었다. 용건이 있어 통화를 하다가 문득 생각나 그 후배에 대해 물어보았다. 지인은 그와 친하지 않을뿐더러 우연히 모임에서 딱 한 번 만난 것뿐이라고 했다. 나는 그 이야기를 듣고 난 후 그 후배에게 사람들과의 인증샷을 SNS에 너무 많이 올리지 말라고 조언했다.

"왜요? 그게 뭐 어때서요?"
"네 지인은 자신의 존재가 너에게 큰 의미가 없을 거라고 생각할지도 몰라. 저렇게 많은 사람 특히 유명인들과 친분이 있는 네가 평범한 친구들에게 관심을 가져 주겠냐고 생각할 수 있다는 거야."
"아, 그렇구나. 안 그래도 얼마 전 친구 녀석이 뭐라고 하더라고요. 그렇게 많은 사람들 만나고 다니면서 자기한텐 연락 한 번 없다고요."

다수의 사람과의 인연을 강조하는 사람의 곁에 있는 사람은 심리적인 거리감을 느낄 수 있다. 마음속으로는 그와의 인연을 소중하게 생각한다 하더라도 상대는 자신이 수많은 지인 중 하나로 취급 받을 뿐이라는 오해를 할 수 있다. 때문에 폭넓은 인맥을 쌓는 것도 중요하지만, 나와 각별히 친분이 있는 이들과의 인연을 소중히 여기는 것이 중요하다. 같은 맥락에서 안면만 익힌 정도의 사람과 마치 상당한 친분이 있는 것처럼 SNS에 올리는 것도 지양할 필요가 있다.

사업을 하는 사람에게 인맥은 대단히 중요하다. 독불장군으로는 지속적인 성장을 기대하기 어렵기 때문인데, 그렇다고 무조건 많이 만나기만 하는 것도 능사는 아니다. 어떻게 하면 서로에게 도움이 되는 좋은 인맥을 만들 수 있을지 고민해야 한다.

나와 다른 세상의 사람들을 만나다

대부분의 사람들은 인맥을 활용해 도움을 받으려고만 한다. 하지만 순서가 틀렸다. 그렇게 해서는 진정한 인맥을 얻을 수도, 도움을 받을 수도 없을 것이다. 상대에게 먼저 "저를 도와주세요" 라고 말할 것이 아니라, 반대로 "제가 도와드릴 것이 있으면 말씀하세요" 라고 말할 줄 알아야 한다. 다시 말해, 사람과 친해지면 그를 활용하려고 하지 말고, 먼저 내가 도와줄 수 있는 일이 있을지 찾아보아야 한다. 사람은 도움을 받을 때보다는 줄 때 더욱 빛을 발한다는 것이 나의 생각이다. 하지만 타인에게 도움을 주기 위해서는 나만의 내공을 쌓는 시간이 필요하다.

나는 간혹 좋은 집안에서 태어나 많은 인맥을 갖춘 사업가들을 부러워한 적이 있다. 너무 쉬운 길을 가는 듯 보였기 때문이다. 하지만 그들의 인맥은 빈약했다. 돈으로 쌓은 친분은 반대로 돈 때문에 쉽게 깨어졌다. 많은 사람을 알고 있다 뿐이지, 그들 모두와 적극적으로 관계를 만들어 가고 있는 건 아니었다.

벌써 네 번째 사업을 시작했지만 나에게는 특별한 인맥이 없었다. 내 주변에는 나를 도와줄 수 있기는커녕 나보다 힘든 사람들이 더 많았다. 하지만 나는 세 번의 사업 실패를 통해 사업을 하는데 인맥보다 중요한 것이 있음을 깨달았다. 바로 사업에 대한 진정성과 내공이었다. 자금이 필요할 때 안면조차 알지 못하는 은행지점장을 찾아가 설득하고 자금을 받아낸 것도, 판매하고 싶은 제품이 있으면 본사로 직접 전화해 제품을 받아 올 수 있었던 것도 그 때문이었다.

별다른 인맥이 없던 나는 10년 동안 스스로의 힘만으로 온라인 마케팅과 판매에 관한 내공을 쌓아왔다. 네이버, 다음, 네이트 등 국내 포털 사이트의 커뮤니티와 블로그들의 변화를 경험하며 연구했고, 페이스북과 인스타그램을 분석해 활용해 왔다. 여러 노력 끝에 내공을 쌓게 된 나는 나의 경험을 주변 사람들과 함께 나누고 있다. 포털 검색사이트에 인물검색 등록이 되려면 어떠한 요건을 갖춰야 하는지 알려주고, 블로그와 SNS 운영에 대해서 도움을 주기도 한다. 내공을 갖추고 나니 인맥은 자연스럽게 생겨나기 시작했다. 소위 말하는 유명인과의 친분도 많이 쌓았다. 그들과 지속적으로 도움을 주고받는 관계가 되면서 나의 인맥 또한 점차 더 넓게 확장되고 있는 중이다.

그렇다면 이번엔 동종업계 인맥에 대해 생각해보자. 보통은 업계의 정보를 얻기 위해 같은 일을 하는 CEO들의 모임에 참여하는 경우가 많다. 분명 동종 업계의 모임은 업계의 흐름을 파악하는 데 도움이 된다. 하지만 좀 더 다양한 정보, 다른 관점을 얻고 싶다고 생각하는 사람들에게는 동종보다는 이종 업계의 사람들이 모여 있는 모임을 추천한다. 나 역시 동종업계의 모임과 거래처 대표와의 만남은 자중하는 편이다. 그런 모임엔 직원들이 대신 참석해도 충분하다. 그동안 나는 다른 분야의 사람들을 만난다. 다른 업종의 사업가, 변호사, 의사, 연예인, 출판인, 강사, 저자, 명리학자 등이 그렇다. 이와 관련해 어떤 분이 내게 질문했다.

"대표님처럼 다른 분야의 사람들을 만나려면 어떻게 해야 할까요?"
"자신이 좋아하는 취미를 함께 하는 모임에 나가는 것도 좋은 방법이에요. 온라인으로 찾아보면 모임을 쉽게 찾을 수 있어요."

어떤 모임에 가야할지 크게 고민하지 않아도 좋다. 운동을 하면서 다이어트를 한다면 운동에 대한 정보를 공유하는 오프라인 모임에 참석하는 것이 좋고, 영어공부를 시작했다면 한국어를 배우고 싶은 외국인 친구들이 많은 모임에 나가서 바터(barter, 물물교환을 뜻하나 서로의 재능을 나눈다는 의미로도 사용된다)를 하는 것도 좋은 방법일 것이다. 이런 다양한 모임에 관심을 갖는 것은 자신을 풍족하게 하고 나아가 인맥도 넓힐 수 있는 방법이다.

나는 현재 대학원에 다니고 있다. 대학원에 들어온 이유는 일차적으로는 학위를 취득하기 위함이지만, 이차적으로는 다른 분야의 사람들을 만나기 위해서였다. 내가 강의를 하는 이유도 지식을 나누고자 하는 목적 외에, 우리 회사를 알리고 연결될 수 있는 많은 사람을 빠르게 만나고 싶어서다. 서로 다른 분야의 사람들과 어울리면서 내가 알지 못한 지식을 얻고, 그들이 모르는 지식을 전달하는 것은 여러 모로 도움이 된다. 그리고 나의 지식을 필요로 하는 사람들에게 공유하니, 도움을 받은 사람들이 내 사업과 관련이 있을 만한 분들을 소개해 주었다. 이것이야 말로 윈-윈(win-win)의 관계라고 할 수 있겠다.

하지만 동종업계 사람들은 자신이 가진 정보를 동종업계 사람들에게 공유하는 것을 꺼려한다. 경쟁관계이니 당연한 이치다. 반면 나와 다른 업계의 사람들은 정보를 공유하는 것에 대해 거부감이 없다. 이것이 내가 다른 분야의 사람들을 만나는 이유이다.

예를 들어 화장품을 판매하는 쇼핑몰을 운영한다면, 화장품 판매자 모임에 가는 것보다 화장품 제조업체 모임에 나가는 것이 좋을 것이다. 자신이 화장품을 판매하면서 소비자들로부터 듣고 체감한 정보들을 공유하면 된다. 그렇게 되면 그들도 자신이 가진 화장품 제조기술과 연계하여 답변과 함께 정보를 제공해 줄 것이다.

사회생활에 있어서는 서로에게 도움이 되는 관계가 오래 간다. 사회생활을 하는 데 필요한 인맥은 집안에서 만들어지는 것이 아니요, 학교도 아닌 사회생활 속에서 만들어진다. 단 자신의 일에 대한 내공을 갖추었을 때 가능하다. 자신의 일에 대해 남들과 다른 전문성을 갖춰나가자.

아무리 바빠도 가끔 친구를 만나자

"친구들 만나는 걸 좀 자중하는 게 어때?"

불과 얼마 전까지만 해도 나는 친구들을 만나 맛집과 술집을 오가는 직원들에게 이렇게 조언했다. 친구란 인생에 반드시 필요한 존재이지만, 자신의 미래와 사회생활을 위해서는 가급적 업무적으로 도움이 되는 사람을 만나는 게 좋다고 생각했기 때문이다. 성공적인 사회생활을 위해 다양한 분야의 사람들을 만나야 한다는 생각은 지금도 변화가 없다. 하지만 하나 바뀐 것이 있다. 친구를 만나는 것의 중요성을 깨닫게 된 것이다.

사회생활을 하다보면 각박한 현실을 마주하게 된다. 성과 위주의 사고를 하다보면 나를 잃어버린다는 느낌이 들 때도 있다. 피와 살이 도는 인간이 아닌, 성과를 위해 달리는 기계 같다는 느낌말이다. 이럴 때, 오래 알고 지낸 친구를 만나보자. 오랫동안 알고 지내던 친구들은 1년에 한두 번 만나도 반갑고 관계가 유지된다. 친구이기 때문이다.

친구와 차 한 잔이든, 술이든 먹으면서 허심탄회하게 대화를 나누는 거다. 친구는 언제든 나를 본연의 모습으로 봐준다. 이익을 따지지 않고 만나준다. 외롭고 힘이 들 때, 가족에게도 마음을 털어놓기 힘들 때, 친구에게 연락하자. 별다르게 이유를 설명하지 않아도 마음 든든한 위로를 받을 수 있을 것이다. 좀 더 건설적으로 친구들과의 만남을 발전시키고 싶다면 좋아하는 취미생활을 함께 해보는 것을 추천한다. 자전거 타기, 마라톤 등 운동을 함께하면 건강까지 챙길 수 있어서 일석이조다.

나는 빽 없는 집안에서 태어났기에 학교 다닐 때 알고 지냈던 친구들이 내 인맥의 전부였다. 하지만 사회생활을 하면서 친구보다는 회사일에 도움이 되는 인맥을 쫓아다녔다. 다행히 이제는 그러한 나의 행동이 잘못되었다는 걸 깨달았다. 사업을 하는 대표는 모든 사고를 결과 중심, 성과 중심으로 하기 쉽다. 그러한 사고가 생활화 되면 사람과 진심을 주고받는 관계를 맺기 쉽지 않다. 자신의 본연의 모습을 잃지 않기 위해서 나를 알아주는 친구와의 만남을 추천한다. 오래된 친구와의 만남은 인맥의 개념과 비할 수 없을 만큼 귀하다.

회사를 성장시키기 위해 알토란같은 인맥 쌓기는 필수다. 하지만 단지 안면을 익히고 SNS에 인증샷을 올린다고 해서 인맥이 형성되는 게 아니다. 진정한 인맥의 기본은 마음을 주고받는 것이다. 신뢰감을 쌓은 관계여야 시너지가 폭발할 수 있다.

15

"우리 상품을 사시면
돈 버는 겁니다"

우리 회사에 제품을 공급해주는 공급업체들을 대상으로 온라인 판매 교육을 할 때였다. A 사의 마케팅 담당이 손을 번쩍 들더니 다음과 같이 질문했다.

"왜 우리 회사 제품은 안 팔릴까요? 우리 제품보다 못한 제품들은 잘 팔리는데 말이죠."
"그것은 소비자의 심리를 알지 못하기 때문입니다. 온라인 판매의 원리도 결국 오프라인 판매와 똑같은데, 이를 잘 이해하지 못하는 경우가 많습니다."

사업을 하는 사람들은 모두 판매자가 된다. 제품을 팔던, 기획을 팔던, 재능을 팔던 자신이 가진 무언가를 팔아서 수익을 창출하는 것이다. 그렇기 때문에 모든 기업들은 자신이 판매하고자 하는 것을 마케팅하고 소비자의 선택을 기다릴 수 밖에 없다.

나는 소비자들에게 온라인으로 상품을 판매하는 사업을 하고 있다. 그래서 소비자들로부터 선택받기 위해서 마케팅을 한다. 소비자들과 눈높이를 맞추고 그들의 욕구를 자극하여 내가 판매하는 상품에 집중하도록 한다.

대중은 브랜드가 가진 가치를 좋아한다

제조 공장을 보유한 기업들이 가장 많이 하는 질문은 가격에 대한 것이다. 저렴하게 팔면 더 잘 팔리지 않을까라는 막연한 생각을 가지고 있지만, 이것은 좋은 생각은 아니다.

제조 공장을 보유한 기업의 어떤 대표님은 나를 만나기 전까지 한 가지 커다란 의문을 가지고 있었다. 제조 공장에서 OEM으로 생산해준 제품들은 잘 팔려나가는데, 이보다 좋게 만든 자사 제품은 할인을 해도 팔리지 않는 것이었다. 그래서 가격비교가 쉬운 온라인 쇼핑몰에 제품을 팔면 잘 팔릴 것이라 생각하고 판매를 시작했지만, 판매는커녕 투자 비용을 건지기도 힘든 상태가 되었다.

일련의 사태를 겪은 판매자 입장에서는 답답하고 미칠 노릇이겠지만, 소비자 입장에서 보면 이는 당연한 결과다. 판매자는 질 좋고 값싼 제품을 왜 안 사냐고 하지만, 소비자는 그 제품이 다른 제품보다 별나게 질이 좋은지 알 수 없다. 가격이 좀 싸다고 해도 소비자 입장에서는 더 인지도 있는 제품을 고르고 싶어 한다. 즉, 가격만 낮춘다고 해서 소비자를 불러 모을 수 있는 게 아니라는 뜻이다.

이러한 현상은 오프라인 매장에서 동일하게 발생된다. 어떤 마트에 가든지 동원참치 옆에는 다른 참치캔이 존재하고 스팸 옆에도 유사한 햄들이 존재한다. 동일 품질, 저렴한 가격을 표방하고 1+1할인 행사도 해보지만 동원참치는 36년간 업계 1위이며, 스팸은 14년간 업계 1위를 차지하고 있다. 오프라인 매장에서도 싸게 판다고 잘 팔리는 것이 아닌데, 온라인 판매라고 해서 싸다고 팔릴 것이라고 생각하는 자체가 잘못된 것이다.

내가 아는 업체 중 한 곳은 한 유명 포털 사이트에 광고를 낸 적이 있었다. 중소기업이 광고를 한다는 것은 엄청난 모험일 것이다. 자칫 잘못하면 도산할 수 있는 위험한 선택이 될 수 있다. 위험을 무릅쓰고 광고를 했는데 효과가 없다면 얼마나 속상할까.

동종업계와 광고 경쟁을 하다보면 서로 막대한 손실을 입을 수 있다. 이러한 출혈 경쟁을 치킨 게임(chicken game)이라 부르는데, '온라인 쇼핑 치킨 게임'을 검색해 보면 얼마나 많은 기업들이 광고 경쟁에 의한 치킨 게임을 하고 있는지 쉽게 찾아 볼 수 있다. 광고는 브랜드 가치를 올리고 매출을 증대시키는 효과는 있지만, 이익을 창출하지 않는다는 것을 알아야 한다.

"광고를 내도 효과가 없어서 중단했는데 시장 점유율이 훅 떨어지더라고요. 어떻게 해야 좋을지 모르겠어요."

어떤 기업에서는 이렇게 말하면서 울상을 지었다. 광고 효과는 없었지만, 광고를 중단하니 매출이 감소했다. 왜 이런 현상이 일어났을까. 처음부터 광고에 의지하여 마케팅 했다면, 영향을 받을 수밖에 없다. 한번 시작한 광고는 쉽게 중단할 수 없는 것이 현실이다. 그래서 처음부터 마케팅 전략을 잘 짜야 한다.

좋은 품질의 제품을 값싸게 판매하고, 광고를 잘 내서 고객에게 알린다. 이 방법은 참으로 정답처럼 보이지만, 유감스럽게도 중소기업과 맞지 않는 마케팅 전략이다. 대기업과 중소기업이 각축을 벌이는 현장에서 중소기업은 대기업보다 값싼 판매를 할 만큼 자금의 여유가 없다. 광고도 마찬가지다. 자금력이 훨씬 부족한 중소기업이 어떻게 대기업을 넘어서는 광고를 낼 수 있을까. 중소기업 대표라면 누구나 하는 위의 말은 중소기업의 현실과는 동떨어진 방법에 지나지 않는다. 그래서 나는 남들과 다른 마케팅 전략을 사용하고 있다. 브랜드를 만들어 값어치 있게 팔고, 광고보다는 홍보를 하며 많은 회원 수보다는 소수의 충성 회원을 모집해 판매하는 전략이 바로 그것이다.

대기업들이 판매 방식을 잘 관찰해보자. 그들은 모두 브랜드를 만들기 위해서 노력한다. 'JUST DO IT', '바른 먹거리'와 같은 슬로건만 들어도 나이키와 풀무원 브랜드를 떠올리게 된다. 국내 포털 사이트 3사의 색상을 보면 네이버는 초록색, 다음은 파란색, 네이트는 빨간색을 사용하고 있다. 3사 모두 로고는 수차례 변경했지만 색상만큼은 절대 바꾸지 않고 있다. 로고나 슬로건 대신 색상으로 자신들의 브랜드를 기억하게 하려는 것이다. 하지만 중소기업들은 슬로건도 색상도 차별성 있게 만들지 못하고, 만들었다고 해도 제대로 알리지 못하는 경우가 많다. 동종업계 중 상위에 속하는 업체를 따라 하기에 급급한 것이 현실이다. 그렇다보니 자신들이 OEM으로 제조해 준 제품은 불티나게 팔려나가는데, 이보다 기능을 개선한 자신의 제품은 재고로 쌓이게 되는 것이다.

가장 중요한 것은 브랜드다. 소비자는 똑같은 품질이라 해도 자신의 마음에 드는 브랜드의 제품을 선호한다. 스타벅스가 다른 커피 브랜드에 비해 비싸지만 잘 팔리는 이유도 이 때문이다. 언론들은 스타벅스 커피가 우리나라에서만 너무 비싸다고 비난하지만, 스타벅스를 애용하는 소비자들은 이에 아랑곳하지 않는다. 그들은 스타벅스에 자신이 좋아하는 가치를 발견했기 때문이다. 스타벅스의 브랜드 스토리를 좋아하고 그 가치를 인정하고 있는 것이다.

간혹 브랜드 없이도 잘 팔고 있다고 말하는 대표도 있을지 모르겠다. 그렇다, 브랜드가 없다고 해서 장사를 못할 것이라는 의미는 아니다. 하지만 브랜드와 비브랜드의 차이는 시간이 흐를수록 큰 차이를 보이게 된다. 예를 들어 '브랜드가 없는 보세 운동화를 판매한 사람'과 '브랜드를 붙여 판매한 사람'이 있다고 가정하자. 둘 다 브랜드가 없고 비슷한 디자인과 퀄리티라면 값이 싼 쪽을 선택할 확률이 높다. 하지만 브랜드를 붙여 판매한 운동화는 소비자에게 각인되기가 쉽다. 대중이 그 브랜드를 인식하게 되면 비브랜드가 갖지 못하는 파워를 갖게 된다. 브랜드를 붙여 판매한 사람은 운동화에 그치지 않고 티셔츠, 운동복, 모자 등을 만들어 낸다. 각각의 제품이 팔려나가면서 그 브랜드를 인식하는 소비자들이 더 많아진다. 한 제품을 이용하고 만족한 소비자는 다른 제품도 사용하게 된다. 그 결과 운동화로 시작한 그 브랜드는 출시하는 제품들마다 잘 팔려 나간다.

그런데 비브랜드로 판매한 운동화는 운동화가 아무리 잘 팔려도 시장에 자신의 제품을 인식시키기 어렵다. 다른 제품 혹은 후속 제품을 만들어도 그 회사 제품으로 인지하기 어렵다. 이것이 대기업이 브랜드를 만드는 이유이다. 결국 시장은 누가 더 브랜드를 잘 만드느냐의 싸움인 것이다.

그렇다면 어떻게 해야 소비자에게 사랑 받는 브랜드를 만들 수 있을까? 멋지게 이름을 만들어 붙이면 되는 걸까? 이름이 근사하다고 소비자가 좋아한다고 생각하면 오산이다. 멋진 이름에 스토리를 더해야 살아 움직이는 브랜드가 된다. 다시 말해, 나는 중소기업 제품도 브랜드 스토리를 만들어야 한다고 생각한다. 나는 공산품, 화장품 등은 물론 농산품에도 브랜드 스토리를 만들어 입히기를 좋아한다. 사람들은 스토리 있는 제품을 좋아하며 그러한 브랜드를 사랑하기 때문이다. 그렇기 때문에 브랜드 스토리를 만드는데 최선의 노력을 기울여야 한다. 브랜드 스토리 만드는 것을 어려워하는 사람들이 많은데, 자신의 인생을 비추어 만들면 쉬워진다.

강원도 인제군의 산 속에서 명품으로 불리는 콩과 농작물을 직접 재배해 전통방식의 메주를 띄워 만드는 재래식 된장과 간장을 생산하는 노부부 이야기를 1장에서 소개한 것을 기억할 것이다. 나는 그들의 인생 이야기를 들으며 그들이 3대째 전통 장을 만들고 있다는 것과 그곳은 휴대폰 통화도 되지 않는 사실을 알게 되었다. 그 내용을 정리해 브랜드 스토리를 만들고 한 줄로 표현할 수 있는 슬로건을 만들어 주었다.

"휴대폰도 안 잡히는 강원도 인제군 소치리 마지막집, 200년 전통 재래식 된장 OOOO"

더 짧게 줄여서 사용할 때에는 "200년 전통 강원도 재래식 된장

OOOO"이라고 했다. 나는 이러한 방식으로 다양한 업체들의 브랜드 스토리를 만들고 제품 상세페이지에 소개해 다른 제품들과 차별화를 두며 경쟁력을 확보해 나갔다. 그렇게 다른 기업의 브랜드를 마케팅하고 판매하던 나는 나의 브랜드를 갖겠다는 선명한 목표를 갖게 되었다. 그래서 뷰티, 가구, 카페 모두를 아우르는 브랜드 '라오메뜨'를 탄생시켰다. 그리고 뷰티, 가구, 카페를 모두 포용하는 브랜드 스토리를 아름다운 동화 속 사랑이야기를 담아 브랜드 이미지를 구축했다.

프랑스 '라오메뜨' 공주는 나이가 들어가는
자신의 모습을 보며 슬픔에 잠겼습니다.

어느 날 공주를 흠모하던 이탈리아의 한 왕자가
전 세계의 마법사들을 불러 공주를 위한 성을 짓고
젊음을 되돌려 줄 신비의 차와 화장품을 만들고
아름다운 가구들로 꾸며 선물했습니다.

이후 왕자는 공주에게 청혼했고
영원히 아름다움을 간직한 채 행복하게 살았습니다.

이후 그 성의 이름은 '라오메뜨'라 불렸고

많은 여성들이 살고 싶은 꿈의 성이 되었습니다.

－'시간을 되돌리다' 〈라오메뜨〉 中

우리 회사의 직영 카페 매장은 이 브랜드 스토리와 같이 우리의 가구 브랜드로 인테리어가 되어 있고, 차와 와인 등을 즐기며 화장품을 체험하고 구매할 수 있는 공간으로 꾸며져 있다. 이런 브랜딩 마케팅을 통해 우리의 이야기를 좋아해주는 사람이 늘어갔다. 앞으로는 '라오메뜨'라는 책의 유무를 질문하는 손님들을 위해서 동화책 출판 계획도 갖고 있다.

온라인 마케팅, 대기업도 어렵다

"저희 회사 블로그 좀 활성화할 방법 좀 없을까요?"

상장기업 홍보팀에서 나에게 자주 묻는 질문이다. 상장기업이나 대기업들이라 해도 쉽지 않은 영역이 블로그와 SNS다. 그 이유는 간단하다. 돈으로 해결할 수 없는 영역이기 때문이다. 그래서 나는 중소기업 대표님들께 광고에 돈을 투자하기보다는 마케팅에 좀 더 집중하라고 조언한다. 나는 '광고'란 비용을 지불해서 나의 제품을 소비자들에게 알리는 행위이고, '마케팅'이란 시간과 노력으로 소비자들에게 알리는 행위라고 정의한다. 즉 광고는 막대한 자본 투자가 가능한 대기업의 영역이고, 마케팅은 시간과 노력이 필요한 중소기업의 영역인 것이다.

블로그와 SNS을 통한 마케팅은 말 그대로 얼마나 많은 시간과 노력을 투자하느냐에 성패가 달려있다. 블로그로 수익을 창출하는 블로거들은 새벽 3~4시까지 포스팅(글쓰기)을 하고 블로그를 관리하기에 여념이 없다. 이러한 일을 감당할 직원은 없을 것이다. 물론 블로그나 인스타그램 등을 통해 수익을 창출하는 사람들은 직원을 고용해 글을 작성하게 한다. 하지만 중요한 글은 블로거 자신이 직접 작성한다. 그래서 나는 중소기업 대표들에게 블로그와 SNS를 활용한 마케팅 기술을 직접 익히라고 이야기한다. 직접 해보지 않고서는 직원에게 마케팅에 대해 지시할 수 없고, 담당 직원이 잘 하고 있는 것인지 짐작조차 할 수 없기 때문이다.

대행업체를 통해서 온라인 마케팅을 하더라고 큰 성과를 거두지 못하는 이유는 대표가 SNS 마케팅에 대해서 너무나 무지하기 때문이다. 이런 대표들을 만나보면 컴퓨터를 다루지 못한다는 핑계가 앞선다. 하지만 나 또한 컴맹이었다. 나도 처음부터 SNS를 잘 알았던 것이 아니다. 장교로 6년 4개월간 근무하면서도 컴맹인 것이 불편하지 않았다. 행정병이 컴퓨터 업무를 대신해 주었기 때문에 크게 필요성을 느끼지 못했던 것이다. 그러다 전역하기 한 달 전에 노트북을 구매해서 "윈도우, 인터넷 익스플로러, 엑셀, 파워포인트, 플래시 애니메이션, 포토샵, 프리미어, 일러스트레이터, 파워포인트" 등의 책들을 구매해서 독학으로 이 모든 것을 익혔다. 첫 직장에서는 직원들을 대상으로 엑셀을 가르치는 일도 하게 되었다. 회사 내부에 나보다 엑셀을 많이 아는 사람이 없었기 때문이다.

나는 온라인 마케팅에 대한 지식도 부족했다. 돈도, 관련 마케팅 지식도 없이 게임커뮤니티 사이트를 만들어 무료로 홍보할 방법을 찾아다녔다. 그렇게 무작정 도전하고 실패하고 또 다시 도전하는 과정을 거듭하면서 몸으로 체득하게 되었다. 내가 한 많은 경험이 결실이 되어 현재는 모바일 커뮤니티와 블로그, SNS를 활용한 마케팅을 통해 큰 성과를 거두게 된 것이다.

우리 회사뿐 아니라 내가 아는 '돈 벌줄 아는' 중소기업들의 대표들은 온라인 마케팅에 대해서 일찌감치 눈을 뜬 분들이다. 다시 말하지만 온라인 마케팅은 중소기업이 잘 할 수 있는 영역이다. 다른 마케팅보다 더 시간을 할애하고 노력해야 한다. 그리고 그 전에 소비자의 심리를 분석하고 소비자 마음에 와 닿는 브랜드 스토리를 만들어야 한다. 만약 이 일이 어렵다고 느껴지거나 하고 싶지 않다면 제품을 판매하는 일을 계속해야 할지 심각하게 고민해야 한다.

"우리 상품을 사시면 돈 버는 겁니다."

판매자가 아쉬운 게 아니라 구매를 놓친 소비자가 아쉽다고 느끼게 하는 것이 홍보이다. 브랜드에 스토리를 부여하고, 소비자의 마음을 두드릴 수 있도록 SNS를 통해 널리 알리자. 이것이 자금 규모가 불리한 중소기업이 제품을 알릴 수 있는 방법이다.

16

우리에게
리셋 버튼이 필요한 이유

"아, 정말 돌 것 같아! 오늘 술이나 한잔 하자."

"왜 무슨 일 있어?"

"아니, 요즘 자금융통하려고 사업계획서 쓰느라 스트레스를 많이
받아서 그래."

사업을 하거나 장사를 하는 친구들에게 가끔 이런 전화가 걸려올
때가 있다. 사업이라는 것이 '안 되면 미치고 잘 되면 고민'이라고 했듯
대표들은 항상 스트레스 속에서 살 수 밖에 없다. 그렇기 때문에 대표
라면 누구나 자신만의 스트레스를 해결할 방법을 찾아야 한다. 취미든

특기든 그 어떤 것이라도 상관없다. 한 회사의 대표라면 스트레스 관리를 잘 해야 한다. 그래야 지치지 않고 달려갈 수 있기 때문이다.

때로는 지칠 때도 있다

"임원들 보면 회사에서 차도 주고 법인카드 한도도 올려주고 부러웠는데, 막상 내가 임원이 되고 보니 너무나 힘든 일이네. 이렇게 스트레스 받을 거면 차라리 사업을 하는 게 낫지 않을까?"
"너희 회사 대표는 편해 보이냐? 대표가 되면 네가 지금 느끼는 스트레스는 새 발의 피일걸?"

임원이 되면서 검은 머리보다 흰머리가 더욱 많아진 친구가 하소연을 늘어놓는다. 직장 생활을 하다보면 상사들은 한가로이 여유를 부리는 것처럼 느껴질 때가 있다. 나도 똑같이 생각했던 적이 있다. 골프를 치러 다니는 대표의 모습이 썩 달갑지 않게 느껴졌었다. 하지만 막상 내가 사업을 하고 나서부터 이 생각은 180도로 바뀌었다. '접대로 하는 모든 행위가 즐겁지 않다는 사실을 알게 되었기 때문이다. 골프든 배드민턴이든 자신이 하고 싶을 때 함께 하고 싶은 사람들과 함께해야 즐거운 법이다. 내가 접대를 받는 '갑'의 입장이라고 해도 즐겁지 않기는 마찬가지이다. 상대방이 접대를 하는 데에는 목적과 이유가 있기 때문이다.

일을 시키는 사람과 일을 하는 사람 중 누가 더 힘이 들까? 나는 일을 시키는 게 더 힘들다는 말에 전적으로 공감하게 되었다. 아마도 이 글을 읽는 독자 분들 중에서는 이 말의 뜻을 이해하지 못하는 분도 있을지 모르겠다. 하지만 업무 지시만 하는 것 같아 보였던 상급자의 일은 절대로 쉽지 않다. 속을 들여다보면 업무를 지시하기 위해서 많은 생각을 해야 하기 때문에 정신적인 스트레스가 쌓인다. 만약 하급자가 업무를 잘 해내지 못하면 그 책임까지 져야 하므로 긴장감을 늦추지 못하고 스트레스는 더욱 가중된다.

상급자들도 이러한 스트레스를 받는데 대표의 경우는 더하다. 모든 직원들을 대신해서 책임을 져야 하니 그 스트레스는 겪어 보지 않은 사람이라면 예측조차 불가능하다. A회사에서 일어난 일을 보자.

"작년에 10톤 사용하던 원재료를 올해는 50톤으로 올려 수입하도록 하겠습니다."

"그걸 다 팔 수 있겠어?"

"네, 이미 판매처들과 이야기를 해놓은 상태입니다."

"확실하지?"

"네, 확실합니다."

이 회사의 대표는 평소 영업 1위를 차지한 직원의 말을 믿고 원재료를 평소보다 다섯 배 많이 수입하여 제품을 만들었다. 하지만 문제가 생겼다.

"대표님, 큰일 났습니다!"

"무슨 일인데?"

"우리와 비슷한 제품을 판매하는 B회사의 제품에서 발암물질이 나왔다고 합니다. 그래서 소비자들 구매가 줄어서 저희 거래처들도 약속했던 물량을 못 받겠다고 합니다."

사업을 하다보면 위와 같은 예상치 못한 일이 종종 발생한다. 그렇다면 이 경우, 과연 누구의 책임일까? 해당 직원이야 책임을 진다고 해봐야 사직서를 제출하는 게 전부일 테지만, 대표는 모든 책임을 져야 한다. 갑작스러운 문제 상황 속에 처한 회사가 어려워져 급여가 지급되지 않을 수 있다는 것을 이해해 줄 직원들은 거의 없을 것이다. 회사에서 일어나는 모든 일에 책임을 져야 하는 것이 대표의 자리이므로 대표 스스로 지치지 않도록 자기관리를 잘 할 필요가 있다.

나만의 휴식법을 찾자

'인기 연예인 OOO, 공황장애로 활동중단'

명성과 부까지 모든 것을 갖춘 인기 연예인들의 공황장애 소식이 끊이지 않는 이유는 무엇일까? 한 심리상담가는 인기 연예인들의 공황장애는 '남부러워 보이지만 스스로 엄청난 체력의 부담과 함께 정신적 압박. 미래에 대한 불확실성에 의한 불안과 공포감'이 주원인이라고 이야기했다.

"나 공황장애 진단 받았어."

"네? 사업 잘 되시잖아요."

"그러게 말이야."

내 주변의 대표들도 공황장애 진단을 받은 분들이 있다. 사업이 잘 안 되는 사람뿐 아니라 사업이 잘 되는 사람들에게도 공황장애가 생긴다는 사실이 연예인들과 비슷했다. 대표라는 직책의 중압감과 미래 사업의 불확실성에 대한 불안 때문에 발생하는 듯 보였다.

"스트레스 관리는 좀 하세요?"

"아니. 사업이 안 될 때보다 더 못해. 국내에 해외에 출장 다니느라 정신이 없으니 말이야."

나도 그랬다. 사업 초기에는 일주일에 한 번은 축구를 하며 땀을 흘리고 스트레스도 날리고 했는데, 최근 1년 동안 운동하면서 땀을 흘린 기억이 거의 없다. 사업에 강의에 그리고 대학원에 심지어 책까지 쓰고 있지 않은가. 정말 시간을 쪼개고 또 쪼개어 써야 할 지경이다.

얼마 전 대학원 동기들과 함께 강원도에 있는 한 힐링 리조트에 1박 2일 체험을 다녀온 적이 있다. 목적지에 다다를 때쯤 휴대폰이 먹통이 되어버렸다. 전화통화가 되지 않는 곳이란다. 외부와 강제로 단절시키기 위해서였다. 그 흔한 TV도 없고 WiFi는 당연히 되지 않았다. 휴대폰은 그저 사진을 찍는 도구로 전락하고 말았다.

이곳의 식당에서는 건강식을 제공하는데 식사 한 끼를 먹기 위해 가파른 언덕길을 20여 분 동안 내려와야 한다. 돌아갈 때는 다시 가파른 언덕을 거슬러 올라야 한다. 숨이 조금 헐떡거릴 때 쯤 되어야 숙소에 도착할 수 있었다. 황토 찜질방과 탄산 사우나가 사치스럽게 느껴질 정도였다.

그곳에서 지내는 동안은 딱히 할 일이 없어 산책을 즐겼다. 맑은 공기, 높은 하늘, 산 속 한가운데서만 느낄 수 있는 풍경들이 눈에 들어왔다. 다른 리조트에서는 볼 수 없던 것들이 나의 감각을 일깨워주었다. 그동안 살면서 한 번도 느껴보지 못한 편안함이 느껴졌고, 비로소 내가 살아있구나 라는 생각을 할 수 있었다. 수많은 업무 전화와 카톡 문자로 인해 구속되었던 내 몸과 마음이 해방된 것 같았다. 평상시에 새벽 2~3시에야 잠자리에 들던 나는 너무나 무료함을 느끼며 10시에 이불

속으로 들어갔다. 다음날 새벽에는 저절로 눈을 떠져서 7시가 되기만을 기다렸다. 7시에 요가 스트레칭을 시작한다. 이런 시간이 기다려질 것이라고는 상상도 못했다. 할 일이 있다는 것이 즐거웠다. 그렇게 40여 분간 스트레칭을 마치고 건강식을 먹은 후 다시 산책과 황토찜질, 사우나를 하며 몸을 정갈하게 한 뒤, 내가 살던 세상 속으로 돌아갔다.

많은 대표들이 자신만의 스트레스를 관리하는 비법이 있을 것이다. 나는 힐링 리조트 덕분에 나는 나에게 꼭 맞는 스트레스 관리법을 알게 되었다. 바로 한 달에 하루 정도는 휴대폰을 비행기모드로 전환시키고, 세상과 단절한 채 하루 또는 이틀을 보내는 것이다. 세상과 강제로 단절된 후 내가 깨달은 것은, 내가 그간 스마트폰으로 인해 정말 많은 스트레스를 받았다는 사실이다. 아이들과 함께 여행을 가도, 집에서 밥을 먹을 때에도, 심지어 잠을 잘 때에도 스마트폰은 내 손이 닿을 거리에 존재하고 있다.

운동을 좋아하는 나는 평소 땀을 흘려 스트레스를 해소하고 건강도 관리하고 일석이조의 효과를 누리고 있었다. 하지만 마음의 평온이 찾아오지는 않았다. 모든 전자기기에는 리셋이라는 기능이 있다. 스마트폰도 마찬가지다. 가끔 스마트폰이 오작동하거나 동작을 멈추었을 때 이 버튼을 누르면 잠시 꺼졌다가 다시 켜지면서 언제 그랬냐는 듯이 예전과 같이 기능을 발휘한다. 자신의 마음에도 이런 '리셋' 시간을 줘야 한다.

대표라는 직책은 회사에서 가장 무겁고 힘겨운 자리이다. 그 고달
픈 심정은 아무에게도 말할 수 없다. 심지어 아내에게도 말이다. 대표
들은 마음속에 많은 이야기를 묻어두고 산다. 나는 가끔씩 세상과 단절
되어 내 스스로를 리셋한다. 스마트 폰을 끄고 하루 이틀 그렇게 보내
면서 말이다.

대표라는 자리는 지치고 힘든 자리이다. 누구에게도 털어 놓을 수
없는 고민을 안고 살아야 하는 존재라서 외롭다. 그렇기 때문에
스스로 충전의 시간을 갖지 않으면 멀리 달려갈 수가 없다.
회사를 떠나 오직 자신만의 시간을 가져보자.

4장

직원의 꿈을 키워주는 기업

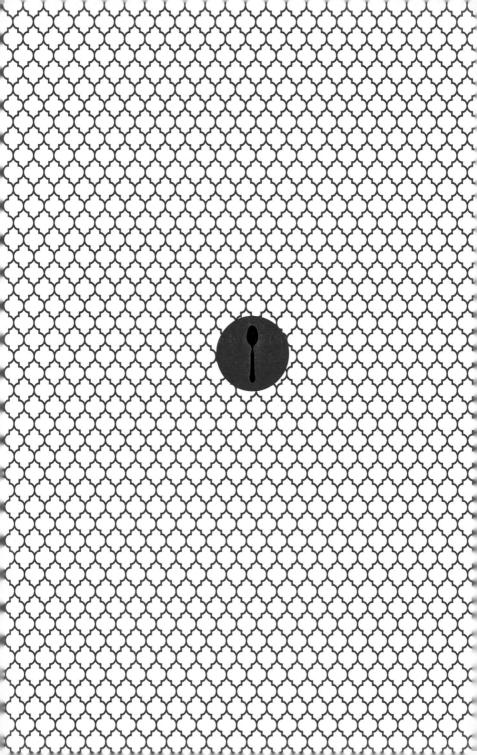

●

17

함께 꿈꿉시다!

⊕

"나 그 회사 그만뒀어."

"뭐라고? 오랫동안 다녔잖아."

"응. 18년 됐지."

첫 직장에서 18년 동안 근무하며 탄탄대로를 걷는 것처럼 보였던 친구가 회사를 그만두고 창업을 선언했다. 그렇고 보니 나도 사업을 세 번 실패한 후 7년 동안 직장생활을 하다가 네 번째 창업을 시작할 수 있었다.

친구와 내가 회사를 그만두고 창업을 선택한 이유는 같았다. 직장생활을 통해서 나의 꿈을 이룰 수 없다고 생각했기 때문이다. 한 회사의 대표가 되고 보니 직원들이 과거 나와 같은 생각을 하게 된다면 씁쓸할 것 같았다. 회사는 좋은 인재들과 오랫동안 함께하고 싶어 하기 때문이다. 그렇다면 과연 회사는 직원의 꿈을 이뤄줄 수 없는 것일까?

일 욕심 있는 직원을 키우는 방법

"당신의 꿈은 무엇인가요?" 어릴 때부터 이 질문을 받아보지 않은 사람은 없을 것이다. 대통령부터 아빠, 엄마라는 꿈까지 다양하지만 어른이 될수록 우리의 꿈은 '돈'이라는 곳에 멈춰서고 만다. 그리고 직장생활을 시작한다.

나 또한 그랬다. 어릴 때 나의 꿈은 운동선수였다. 육상을 시작했지만 매일 쏟는 코피에 어머니께서 만류하셨다. 사업을 하면서 나의 꿈은 바뀌었다. 세상에 좋은 영향력을 끼치는 사람이 되고 싶었다. 일방적으로 권력을 휘두르는 사람이 아니라 함께 노력해서 만들어가는 사람이 되고 싶었다. 사업에 성공해 많은 돈이 생긴다면 꿈을 꾸는 청년들을 발굴하고 돕고 싶다.

"B 팀장은 꿈이 뭐에요?"

"카페 하나 차리고 싶어요."

"카페는 왜요?"

"남들과 다른 카페를 만들어 보고 싶어요."

나는 한참 동안 B 팀장의 카페 운영에 관한 번뜩이는 아이디어를 경청했다. 하지만 지금과는 다른 커피머신이 필요하고 프로그램까지 개발해야 해서, 당시 우리 회사 재정 상황으로는 실현할 수 없는 아이디어였다. 하지만 나는 그의 아이디어를 언젠가 꼭 현실화 시켜야겠다고 마음먹었다. 그리고 2년의 시간이 흘렀다. 나는 강원도에 지사를 설립하면서 카페도 함께 운영하기로 결정했다. 이 카페의 기획은 카페운영의 꿈을 가진 B 팀장에게 맡겼다. 그는 카페 운영 경험이 전혀 없었지만 이 일을 잘 해냈다. 인테리어는 물론 간판, 앞치마, 모자, 컵과 메뉴판에 이르는 사소한 부분들까지 꼼꼼하게 신경을 썼다. 그렇게 카페 1호점이 탄생했다. 오픈 초기 프랜차이즈화하자는 의견이 있었지만 아직 준비가 부족하니 좀 더 시일을 두고 진행하기로 했다.

이듬해 6월에 한남동으로 본사 사옥을 이전하면서 카페 2호점 운영을 결정했다. 이 또한 B 팀장에게 카페의 디자인과 기획을 맡겼다. 이번에는 처음보다 더 많은 결정 권한을 위임했다. 현재 이 카페는 우리 기업의 화장품과 가구를 전시하고 홍보하는 역할을 함께 수행하고 있다. 저녁에는 와인, 맥주 등과 함께 우리가 유통하는 식품들을 위주로 안주를 만들어 선보이고 있다. 이 카페를 찾는 손님들은 하루 평균

200~300여 명 정도이다. 손님들은 곳곳에 위치한 프랜차이즈 카페를 외면하고 막다른 골목의 우리 카페까지 방문한다.

이번에는 좀 더 강력하게 프랜차이즈화하자는 주변의 목소리가 있었지만, 나는 아직 경험이 부족하다고 생각한다. 하지만 첫 번째와 달리 카페 운영에 관한 노하우가 생겨가는 것은 사실이다. 현재 우리는 카페 브랜드를 만들고 커피 제품 출시를 준비하고 있다. 우리가 카페 운영과 커피에 대해서 좀 더 전문지식이 생기게 된다면 B 팀장이 꿈꿨던 카페를 운영할 날이 오리라 믿는다.

"우리 회사에서 해보고 싶은 일 없어?"

일에 대한 욕심을 갖고 있는 사람은 새로운 일에 도전해 보고 싶어 한다. 하지만 많은 중소기업들은 도전보다는 안정을 원하기 때문에 쉽게 말을 꺼내기도 어려운 것이 현실이다. 나는 부서장들에게 자신이 맡은 일을 좀 더 잘 할 방법을 제안해 달라고 이야기한다. 현장에서 뛰는 부서장과 팀원들이 나보다 아이디어가 많을 것이라고 생각하기 때문이다.

"디자인을 좀 더 전문화 시켜야 한다고 생각합니다. 지금보다 인력을 좀 더 충원해서 업무를 세분화 시키고 팀장 권한도 강화하는 게 어떨까요?"

"그렇게 합시다."

우리 회사 직원이 업무나 사업에 대해 새로운 아이디어를 제시할 때, 나는 최대한 수용하기 위해 노력한다. 먼저 듣고 직원들과 공론화 시켜야 하는 부분은 회의를 열어 공유하고 여러 의견을 듣는다. 나는 직원에게 질문을 받으면 가능한 즉시 진행여부를 결정해 주려고 노력 한다. 빠른 결정은 중소기업만이 갖는 가장 큰 장점이다. 그리고 오랫 동안 생각해봐야 부정적인 생각만 많아지기 때문에 장시간 고민하는 것이 바람직하지 않다고 생각한다. 많은 비용이 투자되는 중대한 결정 도 하루를 넘기지 않으려고 노력한다. 그래야 부서장이 탄력을 받아 빠 르게 업무를 추진할 수 있기 때문이다.

꿈꾸는 자들을 통해 성장하는 기업

"이제 조직을 개편해야 할 것 같아요. 실무에서 한 발짝 물러서는 게 좋겠어요."

"그러면 매출이 떨어질 텐데요."

"하지만 이렇게 가면 우리 회사에 비전은 없을 겁니다. 일시적인 매출 하락은 감수합시다."

2017년, 창업 5년 만에 매출액이 백억 원을 넘어서면서 기업 구조를 변경해서 변화를 꾀할 필요가 있다고 생각했다. 온라인 상품판매를 하는 우리 회사는 창업 이후 나와 창립 멤버들이 제품을 구해오고 판매하는 모든 역할을 주도적으로 진행해왔다. 농림축산식품부, 산업통상자원부 산하 기관들과 일을 하게 되고 우리의 브랜드 화장품의 판로를 넓히고자 했지만, 나와 창립 멤버들에게 시간이 부족했다. 내부 직원들 중 관리자로 키울 인재를 정하고, 적임자가 없는 팀의 경우 외부에서 관리자를 스카우트했다. 나와 창립 멤버들이 담당하던 업무, 즉 판매 상품을 구해오고 판매하는 업무를 판매 분야별로 3개의 팀으로 나누고 부서장에게 권한을 위임하여 관리자로서의 역량을 키워나가도록 했다.

"월 매출액이 2억이나 하락했어요. 어쩌죠?"
"괜찮습니다. 과도기인데 감수해야죠."

나와 창립 멤버들이 빠져나간 공백은 매출 하락으로 이어졌다. 하지만 이러한 결과를 예측하여 자금계획을 세웠기에 개의치 않았다. 가능한 빠른 시일 내에 각 부서장들이 팀원들과 함께 매출을 상승시키기를 기대했다. 매출액이 감소할 때면 끌어올릴 방법을 코치하면서 말이다. 어려운 시기를 견뎌내면서 회사는 점점 더 성숙해졌고 부서장들의 책임감도 강해졌다. 책임의식을 갖는 부서장들에게 좀 더 권한을 위임하고 팀원들을 더 충원해 주며 힘을 실어 주었다. 자극을 받은 부서의 팀원들은 새로운 아이디어를 내고 제품을 찾기 위해서 적극적으로 뛰어다녔다. 예전과 달리 부서장과 팀원들이 자생할 수 있는 역량이 강화되었다.

그리고 나는 부서장들 중 가장 경험이 많은 사람을 총괄 책임자로 선정하고 임원급의 권한을 위임했다. 회사 업무를 이렇게 조정하면서 나와 창립 멤버들에게 약간의 여유 시간이 생겨났다. 시간이 없어서 미뤄왔던 기관들과의 업무와 우리 회사의 자체 브랜드 화장품을 온라인 판매를 넘어 오프라인 매장과 수출판로를 개척하는 일을 할 수 있게 되었다.

우리는 이러한 사업 방식으로 각 분야의 부서장을 선발해 성장시키고 그 중에 다시 전체업무를 총괄할 책임자를 선정해 관리자들의 역량을 키워나갔다. 그렇게 우리 회사는 하나의 회사에서 시작해 세 개의 회사로 증가되게 되었다. 이제는 한 회사를 이끌어 나갈 사장으로서 능력을 발휘할 관리자들을 육성할 계획을 갖고 있다.

"우리 회사의 자리는 아직도 많이 비어 있습니다. 심지어 사장의 자리까지 말이죠."

앞으로는 자신의 능력을 유감없이 발휘할 수 있는 기회가 많아질 것이다. 직원들이 설 자리가 많아지게 된다는 의미이다. 의욕있는 인재들은 만년 대리, 만년 과장으로 남고 싶어 하지 않는다. 회사는 그들의 성취욕에 불을 지펴주어야 한다. 그렇지 않으면 유능한 인재는 회사를 떠나고 말 것이다.

매출을 까먹을 줄 알면서도 변화를 감행한 이유는, 변화하지 않으면 성장할 수 없기 때문이다. 성장하기 위해서는 어느 정도의 희생이 불가피하고, 실패와 실수를 겪을 수밖에 없다.

성공했다고 여겨지는 기업을 떠올려보자. 그 기업은 수없이 많은 실패를 거듭하면서 그 자리에 올랐을 것이다. 역사적으로 실패 경험 없이 성공한 기업은 없다. 사업을 시작하는 많은 사람들은 자신만은 예외가 되기를 바라지만 그러한 바람은 이뤄지지 않는다. 창업자들은 모두 실패와 성공을 거듭하면서 성장해 나간다.

사람도 마찬가지다. 실패의 경험을 해본 사람이 다양하고 깊은 시각을 가질 수 있고, 그것을 바탕으로 성공할 수 있다. 나는 성장 가능성이 있고 의욕 있는 직원이 성공보다 실패의 경험을 갖기를 희망한다. 실패 없는 성공은 자만을 갖게 하기 때문이다. 그렇다면 실패 경험이 상대적으로 부족한 신입사원들에게는 어떻게 하면 좋을까?

"뭐 해보고 싶은 것 없어? 이 일 좀 맡아볼래?"

"네? 제가요?"

가끔 계획적으로 경력이 부족한 사원에게도 뜻밖의 일을 맡길 때가 있다. 기업이란 계속해서 인재를 발굴해야 하기 때문에 이러한 과정이 필요하다고 생각한다. 인재를 발굴하는 과정에서 중요한 것은 실패하더라도 질책하지 않고 대화를 하는 것이다. 무엇이 잘못되었는지 보다 앞으로 어떻게 개선해 나아갈 것인지를 짚어보는 것이다.

"상명하복(上命下服)! 윗사람이 명령하면 아랫사람은 복종하고 따라야 한다."

6년 4개월 직업 군인 생활을 하면서 숱하게 들었던 이 글귀는 많은 기업에서도 자리 잡고 있다. 하지만 이런 정신으로는 꿈꾸는 사람들과 함께할 수 없다.

우리 회사의 내부 조직도는 거꾸로 되어 있는 형태이다. 대표이사가 각 부서를 떠받들고 있는 형상이다. 대표이사가 임원과 부서장을 지원하고, 부서장은 팀원들을 지원하라는 뜻이다. 물론 결정된 사안에 대해서는 상명하복이 필요하겠지만, 결정되기 전까지는 자신의 의견을 자유롭게 내어놓을 수 있다. 하급자의 의견이 얼마든지 관철되는 기업이 건강하고 장수할 수 있다고 생각한다. 직원의 소리에 좀 더 귀 기울이고 직원의 꿈에 대해 좀 더 관심을 기울여야 할 것이다. 그렇기 위해서 대표의 마음가짐은 가장 낮은 자리에 있어야 한다.

기업은 꿈을 꾸는 사람을 키워낼 줄 알아야 한다. 사람은 자신의 꿈을 키울 수 있고 그에 따르는 열매도 거둘 수 있다고 판단되면 최선을 다하게 된다. 기업은 꿈꾸는 자들을 통해 성장한다.

●

18

피가 되고 살이 되는 사내교육

⊕

　대기업처럼 직원들을 교육할 수 있는 '연수원'은 중소기업 대표들의 로망일 것이다. 연수원을 갖추었다는 것은 그 회사가 그만큼 성장을 했다는 뜻이고, 직원들을 교육할 여유가 생겼다는 뜻이기 때문이다. 하지만 연수원이 생길 때까지 교육을 하지 않고 기다리다가는 머지않아 회사는 어려움을 맞게 될 것이다. 직원들의 교육은 기업의 성장에 있어서 중요한 문제이고, 지금 하지 않으면 앞으로도 하지 못할 확률이 높다. 대표 입장에서 '직원을 교육할 만큼의 넉넉한 때'는 영원히 오지 않는다. 그보다 평소 꾸준한 직원의 자기계발 교육을 통해 회사의 성장을 꾀하는 편이 더 빠를 것이다.

"정말 여유가 없다니까요. 할 수만 있으면 왜 안 하겠소!"

직원 교육을 권하자 어떤 대표가 이렇게 말했다. 매출도 넉넉하지 않고 회사 살림이 빠듯해서 직원 월급을 주기도 벅차다는 것이다. 이런 경우는 다른 방법을 선택할 수 있다. 회사 내에서 실무 경험이 많은 직원들을 통해 교육하는 것이다. 직무교육은 꼭 외부 강사들을 초빙하지 않더라도 얼마든지 경력자들을 통해 진행할 수 있다.

그렇다면 직원들에게 어떤 교육을 시키면 좋을까? 업무의 특성에 따라 필요한 교육이 다르다. 여기서 모든 업무 영역을 다룰 수 없기 때문에 마케팅과 홍보에 필요한 교육에 대해서 짚어보기로 한다. 다른 업무들도 그렇지만, 학교 교육과 현장 업무가 다른 대표적 분야가 마케팅과 홍보이기 때문이다.

현장감을 익히는 교육이 필요하다

대개의 중소기업들은 홍보나 마케팅의 중요성을 알면서도 막상 어떻게 해야 하는지 모른다. 홍보 분야 직원을 뽑았지만 그조차 헤매는 경우가 다반사다. 마케팅업체에 외주를 주는 경우도 있지만 그렇다 해도 내부에 실무를 잘 아는 담당자가 꼭 있어서 회사의 니즈와 트렌드를 접목시키는 노력을 해야 한다.

한 번은 회사 내 디자이너들이 제품 촬영 사진을 보고 답답해하고 있었다. 알고보니 제품 촬영을 외주로 맡겼는데, 마음에 들지 않게 나온 것이다. 한술 더 떠 신입 디자이너들이 일하는 게 마음에 안 든다며 야단이었다.

신입 디자이너들은 학교나 학원에서 디자이너 교육을 받았다고는 하지만, 경력 많고 능숙한 디자이너에 비한다면 작업 속도는 대단히 느릴 것이다. 그 이유는 여러 가지가 있겠지만 책상에서 배운 교육과 현장 업무는 많이 다르기 때문일 것이다. 교육기관에서 현장에 꼭 맞는 교육을 시킨다는 건 쉽지 않은 일이다.

디자인팀에서 지속적으로 문제가 발생하자 나는 부서장들과 어떻게 해결해야 할지 상의했다. 창립 멤버이자 당시 디자인 팀장은 디자이너들을 대상으로 사내교육을 실시하는 게 어떠냐고 제안했고, 난 좋은 방법이라고 생각해서 그렇게 하자고 했다.

"오늘은 길을 가다가 마음에 드는 제품들을 찍어봐."

"내일은 빨간색이 들어간 사물들을 찍어봐."

"이제 실내에서 제품촬영을 해보자."

"이 제품에 대한 디자인 시안을 내일까지 잡아봐. 서로가 한 시안을 비교해 보면 배울 점이 많을 거야."

사진 촬영 및 디자인 실전 교육을 통해서 신입들은 각자 자신이 맡은 제품의 사진을 찍고 디자인 시안을 만들었다. 현장에서 일할 때에도 팀장의 교육은 이어졌다. 그렇게 시간이 지날수록 디자이너들의 촬영 및 디자인 실력이 늘어갔다. 새로운 직원이 들어오면 자연스럽게 이러한 교육이 선행되었다. 사내 교육이 진행되면서 장비도 보강했다. 카메라가 두 대로 늘었고 촬영에 필요한 각종 렌즈와 장비들도 세련되게 갖췄다. 외주 촬영이 줄어들어 비용을 절감되는 효과도 누리게 되었다.

시간이 흐르면서 디자이너뿐 아니라 상품을 판매하는 MD들도 자발적으로 사진 촬영과 디자인 교육을 받았다. 간단한 디자인 수정이나 촬영을 직접, 빠르게 진행하고 싶은 욕구가 생겼기 때문이다. 그렇게 사진 촬영과 디자인 교육은 우리 회사에서 당연한 교육으로 자리 잡게 되었다.

그러던 어느 날 블로그 운영 담당자로 입사한 직원이 디자이너를 하고 싶다는 간절한 입장을 내게 전달했다. 디자이너들이 하는 업무를 보면서 자신도 디자인을 해보고 싶어진 듯 했다. 이 직원은 입사 전에 국내 유명 커피 프랜차이즈 지점의 매니저로서 일을 했었다. 포토샵 책 한 권 본 적 없는 디자인 분야의 컴맹이었다. 하지만 디자인 팀장은 그와 면담한 결과 가능성이 있다고 판단했다.

"대표님, 제가 가르쳐 보겠습니다. 시간을 좀 주세요."

"좋아요. 잘 가르쳐 보세요."

포토샵 기초 책자를 바탕으로 1:1 교육이 시작되었다. 퇴근 후에 1~2시간 진행된 교육을 통해 그 직원은 갈수록 실력이 늘어갔다. 현재 재직 3년째인 그는 디자인과 사진촬영은 물론 쇼핑몰 제작과 관리도 할 수 있을 만큼의 실력자가 되었다. 이 직원 외에도 택배 포장으로 시작해 판매팀의 관리자가 된 직원도 있었다.

나는 직원 교육에 선을 긋지 않는다. 담당하고 있는 업무와 다소 벗어난 것일지라도 배우고 싶다면 얼마든지 기회를 제공해야 한다. 직원의 성장은 어떤 형태로든 회사의 성장으로 이어지기 때문이다.

직원의 컴퓨터 교육에 대해 폭넓은 지원을 할 수 있었던 데에는 내가 컴맹이었다는 점도 한 몫 한다. 앞서도 언급한 바 있지만, 나는 컴퓨터 학원을 다닌 적이 없다. 인터넷, 컴퓨터 운영체계, 엑셀, 한글, 파워포인트, 플래시 애니메이션, 동영상 편집에 이르기까지 책을 보고 따라 하면서 익혔다. 회사 입사 전에 경험이 없어도 교육을 받으면 충분히 그 일을 할 수 있다고 생각한다. 디자인 팀장도 나와 같은 의견이다. 학원 다닌 사람보다 의욕 있는 사람이 백배 더 빨리 배운다.

하지만 모든 사람이 이와 같지만은 않았다. 우리 회사를 찾아와서 일하고 싶다고 씩씩하게 말했다가 스스로 떠난 사람들도 있다. 내가 소림사 무술을 가르치듯이 회사에서 가장 낮고 하찮은 일을 주었기 때문일 수도 있다. 난 처음부터 책임 있는 일을 맡기기보다는 작은 일을 통해 그 사람의 됨됨이를 알아보는 편이다. 마치 소림사 고수가 제자를 키우는 방법처럼 말이다. 그렇게 해서 신뢰감을 느끼면 점점 업무 영역을 확대해나간다. 그만두고 떠난 사람들은 이를 견디지 못한 것이다.

내 생각에 그들은 스스로 자신의 능력을 과대평가하고 있는 것 같다. 무술을 가르치지 않고 물만 나르게 하는 스승에게 불만을 갖는 제자처럼 말이다. 하지만 분명한 것은 하찮은 일도 잘 해내지 못하는 사람은 중대한 일도 잘 하지 못 할 확률이 높다. 그래서 사내에서 보직 변경을 신청한다고 해서 모두 허용하지 않으며, 맡은 일을 잘 하는 직원으로 한정하고 있다.

"우리도 이제 동영상 촬영과 편집기술을 익혀야 하지 않을까요?"

"맞아요. 요즘 SNS를 보면 동영상이 대세예요."

직원의 말은 맞는 말이었다. SNS를 보면 동영상이 넘쳐났다. 정지된 이미지로 상품을 판매하는 시대는 점점 뒤로 밀려나버렸고, 동영상이 힘을 발휘하는 시대가 되었다. 동영상 교육을 하자고 마음을 먹었지만, 사내에 동영상 촬영과 편집에 관한 지식을 가진 사람이 전무했다. 사진촬영과 디자인 교육과는 전혀 다른 상황이었다.

"장비도 샀고 인터넷 자료를 보면서 어떻게든 해보겠는데, 동영상 편집은 아무래도 외부에서 교육을 받아야겠어요. 직원을 몇 명 뽑아서 외부 교육을 받게 한 후 사내에 전파하면 어떨까요?"

"좋은 생각입니다. 두 명을 선발해서 보내도록 합시다."

디자이너들 중에서 신청자를 접수받아 두 명의 직원을 학원에 보냈다. 두 사람은 교육과 실습을 병행하며 실력을 키웠고, 교육이 끝난 후에 관심있는 디자이너와 MD들에게 교육을 실시했다. 덕분에 현재 우리 회사의 직원들은 간단한 촬영과 편집은 직접한다. 사진으로 표현하기 힘든 제품의 경우 동영상으로 촬영하고 편집하여 판매하고 있다.

결국 사내교육은 의지와의 싸움이다. 동영상 교육을 받고 익히는 동안 4~5개월의 시간이 소요되었다. 최소 몇 개월을 투자하겠다는 대표의 의지가 필요하다.

영업의 기술을 전파하다

"까이고 왔어요? 그럴 땐 이렇게 해요."

영업은 기싸움이다. 처음 마주했을 때 상대방의 기에 밀리면 안 된다. 그 다음으로 말에서 밀리면 안 된다. 대부분의 영업 초보들은 이 두 가지가 잘 되지 않아서 자신의 생각을 상대방에게 설득시키지 못하는 경우가 많다. 오히려 설득을 당하기 쉽다.

영업을 하는 직원들은 자신의 노하우를 공개하지 않으려 한다. 무엇보다 자신의 거래처를 오픈하거나 소개시켜 주지 않으려는 경향이 있다. 자칫 밥줄이 끊어질 수 있다고 생각하기 때문이다. 그래서 영업 고수들의 기술을 전수 받기 위해서는, 그들에게 밥줄이 끊기지 않는다는 사실을 인식시키는 것이 중요하다. 이는 영업사원들이 대표와 임원을 신뢰해야 가능하다. 나와 임원들은 영업직 직원들에게 먼저 우리의 거래처와 영업의 기술을 공개하고 가르쳐 주었다.

"평생 영업맨으로 살 건가요?"

영업팀 부서장들에게 부하 직원을 성장시켜야 임원이 될 수 있음을 인식시켰다. 교육을 통한 신뢰가 쌓이면서 영업 경력자들은 자신이 영업을 하는 곳에 부하직원을 데리고 가서 가르치기 시작했다. 덕분에 회사 매출도 올랐다. 영업사원들이 똘똘 뭉쳐 서로를 돕게 하는 것은 회사입장에서도 매우 중요한 일이다. 어떤 회사든 영업이 매출과 직결되기 때문에 기업을 존재하게 만드는 근간이 된다.

한편으로 많은 기업들이 극소수의 영업직원들에 의해서 생존해 나가고 있다. 심지어 대표가 혼자 영업을 뛰는 경우도 있다. 이런 회사는 성장하기가 매우 어렵고 성장속도 또한 느린 경우가 많다. 이것이 영업 직원을 성장시켜야 하는 이유이다. 사내교육의 목적은 실전적인 직무 지식을 익혀 보다 빠르고 효율적으로 일을 하도록 하기 위함이다. 그러나 무엇보다 직원 개인의 성장에도 포커스가 맞춰져야 한다. 직원들은 다른 업체에서 데려가고 싶을 정도로 육성하는 일은 기업의 성장과 세대교체를 위해서 꼭 필요하다. 규모가 작다고 다음으로 미루지 말자. 나는 직원이 10명도 채 되지 않은 때부터 사내 교육을 시작했다. 인원이 적을수록 더 효과적이고 교육 체계를 잡아 나가기에도 쉽다.

직원 교육은 유능한 인재를 길러내고, 그가 회사에 머물겠다는 의욕을 주며, 그를 통해 회사가 성장할 수 있다는 점에서 중요하다. 회사 규모가 작다고, 매출이 변변찮다고 미뤄서는 안 된다. 필요하다고 생각할 때 바로 시작하는 것이 중요하다.

●

19

사업의 필수 조건, 내공 쌓기

⊕

"뭐? 사업을 한다고?"

내가 처음 사업을 한다고 했을 때 부모님은 걱정스럽게 물어보셨다. 6년 4개월 동안 장기복무를 마치고 전역해서 1년 남짓한 사회경험을 가지고 사업을 시작한다고 했으니 당연하다. 나는 부모님의 걱정에 부응하듯 세 번의 사업에 실패했다. 당시 세 명의 아이를 키우던 나는 어쩔 수 없이 직장생활을 시작할 수밖에 없었다. 가장이니 가족의 생활고부터 해결하는 게 급했다.

회사에서 경리업무를 하며 책정된 연봉은 1,800만 원이었다. 세 아이의 아빠인 나에게는 가혹한 연봉이었지만, 나에게 일자리를 준다는 것 자체가 고마웠다. 세 번의 실패를 겪고 나니 시각이 바뀐 것이다. 일할 수 있고 매달 일정한 급여를 받을 수 있는 회사에 감사했다. 사무실이 지저분하면 자발적으로 청소했고 내 업무가 아니더라도 다른 부서의 일을 도와주었다. 그런 나의 모습을 본 상급자들은 대표에게 내 연봉 인상을 건의했다.

하지만 정작 당사자인 나는 연봉에 관심을 두지 않았다. 차근차근 실력을 쌓아서 재기해야겠다는 생각이 컸기 때문이다. 그래서 남들보다 더 열심히 일하며 내공을 갈고 닦았다. 아무도 하지 않으려는 일에도 앞장섰다. 영어도 못하면서 영문 문서를 만들고 수출입 업무까지 도맡았다. 심지어 전봇대 위에 제품을 설치하는 일도 도왔다. 내가 대표라는 마음으로 회사의 경비를 절감할 수 있는 방법을 고민하고 정부의 중소기업 지원정책을 들여다보면서 지원금을 유치했다.

열심히 일하는 사이, 나의 연봉은 3년여 만에 5,400만 원이 되었다. 관리팀장이 되어 법인카드와 회사에서 지원받는 비용을 따져보면 7,000만 원이 넘는 연봉이었으니 중소기업 직장인으로서는 나쁘지 않는 조건이 된 것이다. 나는 이때까지도 연봉을 인상해 달라는 말을 한 번도 하지 않았다. 이런 경험을 통해 내가 깨닫게 된 것은, 연봉은 당사자의 주장만으로 인상되는 게 아니라는 것이다. 직원은 항상 많은 연봉을 받고 싶어 하고, 대표자는 되도록 적게 주고 싶어 한다. 그게 이치다. 그래서 그런 기본적인 심리를 넘어설 정도로 열심히 일하는 사람이 나타나면 대표자의 마음이 확 움직이게 된다.

창업하고 싶은가? 지금 직장에서 인정받아라

나는 7년간의 직장생활을 끝으로 퇴사를 결심했다. 다른 직원도 있으니 내가 그만둬도 지장이 없을 듯했다. 내가 하던 업무에 대해서도 모두 전수해 준 상태였다.

"왜? 무엇 하려고? 이 회사에서 하면 안 되나? 내가 자금을 좀 알아봐줄게."
"아닙니다. 나가야 뭐가 될 것 같아요."

사람은 안주하면 생각이 게을러지기 마련이다. 그래서 독립하는 것이 낫다고 생각했다. 자금사정이 여유롭지 않아서 친구 사무실에서 업무를 도와주며 책상 하나를 얻어 사용하기로 했다.
사직서를 제출하고 독립해 나가는 나를 보는 사람들의 눈빛에는 부러움과 걱정 두 가지가 공존하고 있었다. 그러한 시선을 뒤로 하고 모든 직원들과 인사를 마치고 대표님과 이야기를 나누었다. 고마움과 아쉬움이 섞인 마지막 인사를 나누고 짐을 챙겨 차에 올랐다.

차를 타고 주차장을 벗어나려고 하는데 대표님이 보였다. 차를 탄 나에게 손을 흔들던 대표님은 나에게 90도로 인사를 해주었다. 함께 일한 직원에게 마음을 전해주는 대표님께 정말 감사했다. 그동안의 직장생활이 필름처럼 머릿속을 스쳐갔다.

"최선을 다하는 사람은 눈에 다 보여."
"어떻게 보이죠?"
"응, 열기가 달라."

나는 가끔씩 사무실을 둘러본다. 직원들을 격려하고자 하는 행동이지만 한편으로는 일을 하고 있는 직원들의 열기를 알아보기 위해서이기도 하다. 직원 모두 마음에 열정을 품고 있겠지만, 그들이 내뿜는 열기는 각기 다르게 느껴진다. 유난히 열심히 일하는 직원에게서는 보다 뜨거운 열기가 느껴진다. 이런 직원은 대화 할 때 눈빛도 다르다. 아마 회사의 대표라면 누구나 이런 열정과 눈빛을 가진 직원에게 중요한 일을 맡기고 싶어 할 것이다. 하지만 이러한 직원은 지극히 드물다.

"좀 더 최선을 다해보면 어때요?"
"저는 정말 최선을 다해서 일하고 있어요!"

상급자의 말에 이렇게 답하는 이들도 있다. 맞다. 회사에 다니는 직원들은 모두 열심히 일한다. 하지만 열심히 하는 것과 자신이 할 수 있는 최선을 다하는 것과는 차이가 있다. 이 차이를 모르는 사람들이 많다. 나 또한 그랬기에 이제야 알 수 있는 일이다.

나도 직장 생활을 할 때 최선을 다해 일했다고 생각했다. 하지만 내가 대표가 된 후 열심히 일했지만 최선을 다한 것은 아니었다는 사실을 깨달았다. 열심히 일하는 것은 겉모습에서 나타나지만, 최선을 다하는 것은 속마음까지도 가득차 있어야 하는 것이다. 최선을 다하는 사람은 이것을 해내지 못하면 죽을 수도 있다는 각오로 일에 임하는 사람이다.

모든 대표들은 이러한 마음으로 일할 것이다. 그래서 대표들은 자신과 같은 마음으로 직원들이 일하기를 바란다. 일반적인 직장인들은 열심히 일하는 것으로 충분하지만, 창업을 계획하는 사람이라면 죽을 각오로 최선을 다해 일해야 한다. 사업을 하게 되면 싫든 좋든 그렇게 일해야 하므로 미리 경험해보는 게 좋다는 뜻이다. 그런 마음가짐으로 일할 수 없다면 창업하지 않는 편이 낫다.

당신이 보통의 월급쟁이들처럼 급여를 받기 위해 열심히 일하는 사람인지, 아니면 미래를 향해 목적 의식을 가지고 최선을 다해 일하는 사람인지를 알고 싶다면 스스로에게 한마디 질문을 던져보면 된다.

"내가 이 회사의 대표여도 지금처럼 일할 것인가?"

'그렇다'고 대답한다면 최선을 다하는 사람일 것이며, '아니다. 내 회사라면 죽기 살기로 일해야 한다'라고 대답한다면 월급을 받기 위해서 일하는 사람일 것이다. 사업을 계획하고 있는 사람이라면 지금 속한 회사에서 죽기 살기로 최선을 다해 일해보라고 권하고 싶다. 망하는 부담감 없이 최선을 다해 일 경험을 쌓을 기회이기 때문이다.

상사를 답답하게 하지 마라

"어휴, 답답해. 일머리가 저리도 없을까?"
"무슨 일 있으세요?"
"일이 어떻게 진행되고 있는지 보고하면서 일을 해야 하는데, 내가 묻기 전에는 얘기를 안 해. 답답해 죽겠어."

직장을 다니다 보면 답답한 직원들을 많이 보게 된다. 일을 잘 하고 못하고의 차이는 무엇일까? 빈틈없이 일을 해내는 것도 좋지만, 사실상 생각만큼 쉽지 않다. 즉 일머리가 있다는 말은 실수 없이 완벽하게 일한다는 의미가 아니다. 경력이 풍부한 직원들조차 실수 없이 일할 수는 없다. 그렇다면 어떤 경우에 일머리가 없다는 평가를 받는 것일까?

한 마디로 압축해 표현하자면 '상사에게 답답함을 느끼게 하는' 사람이 바로 일머리가 없는 사람이다. 일이 잘 굴러가는지, 잘 안 되는지 도무지 알 수 없게 하거나, 진행 상황을 알려주지 않아 깜깜하게 만들거나 등등이 여기에 해당된다. 직원들은 자신이 혼자 모든 걸 다 해야 한다고 스트레스를 받지만, 회사가 원하는 건 그게 아니다. 진행 상태를 수시로 공유하고 잘 안 풀릴 때에는 다른 사람들과 협력하여 잘 굴러갈 수 있게 하면 된다. 회사가 원하는 일머리란 이런 것이다. 대표자를 포함해 직장 내 상사들은 답답하다고 느낄 때 부하직원의 자질을 의심하게 된다. 상사가 답답함을 느끼지 않게 하려면 다음의 세 가지를 명심하면 된다.

첫째, 결론부터 이야기하라. 직장 상사들은 부하직원들에게 다양한 업무를 보고받고 처리해야 한다. 말을 질질 끌어가며 말하는 부하직원을 좋아할 수 없다. 결론부터 빠르게 이야기하자. 자세한 설명은 그 이후에 해도 늦지 않다. 상위 직급자일수록 더욱 그렇다.

"팀장님, 보고 드릴 게 있는데요. 어제 OO업체 제품 견적을 다른 업체와 비교견적 받아보라고 말씀하셨잖아요. 그래서 제가 견적을 받으려고 세 군데 업체에 전화를 했습니다. 그런데 그 중에 한 업체 담당자가 말이죠…."
"잠깐! 그래서 결론이 뭔데? 비교견적을 받았다는 거야, 못 받았다는 거야?"

둘째, 중간보고를 하라. 부하직원이 많은 상사일수록 업무상 확인할 것이 많다. 그래서 지시한 업무에 대해서 부하직원이 알아서 보고해주기를 바란다. 지시받은 사항을 완료하는 데 시간이 걸린다면 중간보고를 하는 것이 좋다.

"이 대리, 지난주에 지시한 것 알아봤어?"
"아, 네! 지금 막 보고하려던 참이었습니다."
"팀장님, 어제 지시하신 사항이요. OO까지 진행한 상태입니다. 내일까지는 마무리 될 것 같아요."
"그래, 알았어. 수고해."

셋째, 책임을 져라. 자신이 부여받은 업무인데 다른 사람의 조언을 받았다고 해서 책임이 사라지는 것은 아니다. 핑계를 대려는 순간 상사는 부하직원을 신뢰하지 않게 된다. 조금 억울한 일이 있더라도 스스로 책임을 지려는 자세가 중요하다.

"이 대리, 이것 자네가 한 일이야."
"팀장님, 그게… 제가 하기는 했는데요. 김 대리가 그렇게 하는 게 좋겠다고 해서 그렇게 했습니다."

많은 직장인들이 자신만의 사업을 꿈꾼다. 하지만 직장 내 스트레스 때문에 사업을 시작해서는 안 된다. 직장 내 스트레스는 사업을 하며 겪는 스트레스에 비하면 아무것도 아니기 때문이다.

나 같은 '흙수저' 출신의 중소기업의 대표는 새롭게 알아야 할 것이 너무나 많았다. 사업을 하면서 깨우칠 수 있었지만 그 깨우침을 얻기 위해 치러야 했던 수업료가 만만치 않았다. 그렇기 때문에 사업을 계획하고 있다면 지금 받고 있는 연봉만을 생각해 몸을 사리지 말고 적극적으로 다양한 업무를 해야 한다고 말하고 싶다.

만약 삼겹살 가게를 하고 싶다면 가게 자리를 알아보는 데에만 골몰할 것이 아니라, 장사가 잘 되는 삼겹살 가게를 돌며 일을 해보는 것이 중요하다. 삼겹살 가게를 하기에 좋은 장소를 선정하는 방법뿐 아니라 어떤 고기를 사용하며, 사장이 직원을 어떻게 교육하는지, 손님은 어떻게 대하는지 등도 함께 배워야 한다.

회사에서 인정받지 못하는 사람이 사업을 한다면 잘 해낼 수 있을까? 쉽지 않을 것이라고 생각한다. 창업하고 싶다면 현재 자신이 다니는 직장에서부터 먼저 인정받아야 한다. 직원보다 대표가 훨씬 더 책임과 의무가 막중하다. 직원의 일을 잘 해낼 수 없다면, 사장으로서의 일은 더더욱 어렵다.

●

20

창업을 준비하는 '흙수저'들에게

⊕

사업 아이템을 찾고 있거든

"어디 좋은 사업 아이템 좀 없어요?"

"돈 되는 사업 좀 알려주라."

요즘 경기가 좋지 않으니 새로운 아이템을 찾기 위해서 노력하는 사람들이 많다. 요새 많이 듣는 질문이다. 그래서 그런지 이런 질문을 많이 한다. 그렇다면 우선 돈이 되지 않을 것 같은 사업을 떠올려보라. 누군가는 그 일로 인해 큰돈을 벌었거나 아직도 벌고 있다. 반대로 돈이 될 것 같은 사업을 떠올려보라. 누군가는 그것으로 망했거나 망하고 있다. 돈이 될 사업을 찾을 것이 아니라 돈이 되게 하는 법을 찾을 수 있어야 한다.

여러 사람이 함께 모여 구매해 저렴하다는 공동구매 방식의 소셜커머스가 인기를 끄니 비디오방이 인기를 끌 때와 마찬가지로 우후죽순 생겨났고, 차별화 없는 광고와 가격 경쟁으로 얼룩진 소셜커머스 업체들 대부분은 문을 닫았다.

사업 아이템을 찾고 있는 '흙수저'라면 세 가지 형태의 사업은 무조건 피하는 것이 좋다.

첫째, 세간의 화제가 되는 사업은 위험하다.

세간의 화제가 되는 사업은 대기업이 뛰어들게 되어 있다. 운 좋게 회사를 팔아넘기지 못한다면 패배할 확률이 매우 높다. 자본이 부족한 '흙수저'라면 반드시 피해야 할 사업인 것이다.

둘째, 누구나 쉽게 따라 할 수 있는 사업은 위험하다.

아이디어가 좋다고 해서 돈을 버는 것은 아니다. 그 아이디어가 누구나 쉽게 따라할 수 있다면 매우 위험하다. 특허를 출원했다고 해도 그 특허를 우회해서 비슷한 사업을 하는 것은 그다지 어렵지 않다는 사실을 알아야 한다. 특허는 마케팅 수단이지 방어막이 아니라는 사실을 깨달아야 한다.

셋째, 돈을 벌기 위한 사업은 위험하다.

'흙수저'라면 자본이 부족할 것이다. 자본이 부족한 사람이 사업을 할 수 있는 이유는 자신의 일에 대한 신념과 열정이 있기 때문이다. 그것이 사업을 포기하지 않게 만들어 준다. 그런데 단순히 돈을 벌기 위해서 사업을 시작한다면 어려움을 만났을 때 그만두고 싶다는 생각밖에 들지 않는다. 돈을 벌기 위한 사업을 선택하기보다는 신념과 열정을 가지고 할 수 있는 일을 시작하는 것이 좋다.

나는 지금 이 순간에도 다양한 사업에 도전하고 있다. 어떤 사업은 성공할 것이고 어떤 사업은 실패할 것이다. 사업을 하다보면 당연한 일이다. 그래서 나는 나의 신념과 열정을 쏟아 부을 수 있는 사업을 시작하고 열정을 쏟아 붓는다. 내가 막다른 길에 카페를 오픈했을 때 많은 사람들이 걱정했다. 주변에 유명 프랜차이즈 카페들이 즐비한데, 내가 카페를 연 자리는 많은 카페들이 문은 닫은 자리였기 때문이다.

"주변에 카페가 많은데, 막다른 길에 있는 카페가 장사가 되겠어?"
"산꼭대기에 있는 오리집도 장사가 잘 되던데요."

나와 우리 직원들은 긍정과 확신으로 똘똘 뭉쳤다. 처음 시작과 달리 9개월이 지난 지금 변화된 카페를 바라보며 지인들은 물론 주변의 식당 사장님들까지 놀라움을 금치 못하고 있다.

무엇을 하느냐가 중요한 것이 아니라 어떻게 하느냐가 중요하다고 생각한다. 남들이 따라 할 수 없는 차별화된 전략을 갖출 자신이 없다면, 사업을 시작하지 않는 것이 좋다. 당신이 약간의 성공을 보이면 추격할 준비를 하고 있는 업체들이 줄을 서 있기 때문이다. 남들이 따라할 수 없는 무기를 갖추자.

•

21

망할 것 같은 순간이 찾아오거든

✛

어떠한 사업이나 많은 위기에 직면하게 된다. 나는 세 번의 사업실패 때마다 도움 받을 곳이 없었다. 스스로 넘어서야만 했다. 집안을 탓했고 주변을 원망했다. 하지만 그러한 경험이 없었다면 나는 다시 재기하지 못했을 것이고 지금의 네 번째 사업에서도 세 번의 위기를 넘기지 못했을 것이다.

나는 위기를 넘어서는 법을 몸으로 익혔다. 현실에서 터득한 방법이기에 어떠한 경영학 원론보다 도움이 될 것이라고 감히 자신한다. 이제 막 사업을 시작하는 분들을 위해 나의 '위기탈출 넘버원 세 가지 전략'을 소개하겠다.

첫째, 자금이 조금이라도 남아있다면 더 공격적이고 과감하게 도전한다.

막힌 사업을 붙잡고 늘어져봐야 시간과 자금만 낭비되는 경우가 많다. 냉정하게 판단하고 지금 사업과 연계된 신규 아이템을 찾아야 한다. 단, 아주 빨리 판단하지 않으면 기회는 금세 사라진다. 자금이 여유롭지 않기 때문이다. 하루 이틀 안에 결정을 내리고 신규 사업을 육성해야 한다. 지금 사업과 동떨어진 신규 사업은 위험하며, 자금이 부족할수록 더욱 그렇다. 버틸 수 있는 시간이 부족하기 때문이다.

나는 네 번째 사업 초기 위탁에 위탁으로 제품을 공급받아 위탁에 위탁으로 판매대행을 하다가, 나중에는 자사의 쇼핑몰과 자체 판매망과 유통망을 구축했다. 1차 벤더(전산화된 물류 체계를 갖추고 슈퍼나 편의점 등에 특화 상품을 공급하는 다품종 소매업)로서 상품을 공급받을 업체를 찾고 제품을 직접 제조해 경쟁력을 높인 것이다. 이러한 과도기를 거칠 때 매우 힘들었지만, 어려움에 직면할 때마다 빠르게 판단하고 결정하며 추진해 나갔다. 생각만 하다 사면초가에 처했을 때는 손 쓸 방법이 없기 때문이다.

둘째, 자금이 거의 바닥 난 상황이라면 더 공격적으로 과감하게 투자한다.

"사드가 터져서 수출길이 막혔어. 언제쯤 정상화될까? 미치겠네,

정말!"

　중국 수출에만 의존하던 기업들은 중국과의 무역이 막히면서 한순간에 매출이 0원으로 추락하는 경험을 해야만 했다. 당시 이러한 상황에 처한 대표들의 행동은 둘 중 한가지였다. 신세 한탄을 하며 이 사태가 빨리 마무리되어 수출이 재개되기만을 기다리거나, 적자를 감수하고 재고를 처분해 다른 판로를 개척할 제품을 만들거나하는 것이었다.

　누구의 판단이 옳다고 할 수는 없겠지만, 나는 운명을 타인의 손에 맡기기 보다는 스스로 개척해야 한다고 믿는다. 그래서 적자를 감수하고 재고를 처분해 다른 판로를 개척해 나간 대표들의 판단이 더 나은 선택이었다고 생각한다.

　나도 사업 초기 판매처의 정책 변경으로 매출이 0원으로 추락하면서 최악의 자금난을 겪어야 했다. 아직 초기 투자비용을 회수할만한 이익을 내지 못한 상황이었기에 그 타격은 이루 말할 수 없는 고통이었다. 그러나 나는 직원을 감원하는 대신에 추가적인 채용을 하고 사무실을 더 넓은 곳으로 이전했다. 물론 신규 아이템과 새로운 비전과 함께였다.

　최악의 위기를 넘기는 방법으로 투자를 결정한 나는 얼굴 한번 본 적 없는 은행 지점장과 보증기관을 찾아가 설득하고 자금을 융통했다. '흙수저' 대표인 내가 자금을 융통할 수 있는 곳은 은행뿐이었다. 내가 은행을 찾아간다고 했을 때, 많은 사람들이 매출이 0원으로 추락한 회사에 누가 돈을 빌려 주냐며 부질없는 행동이라고 이야기했다. 나 역시 이 말에 동의했다. 그래서 나는 이력서를 들고 찾아 다녔다. 나는 나의 경험을 사줄 은행과 보증기관을 찾은 것이다. 다시 한 번 강조하지만, 사면초가에 처했을 때는 그 누구의 도움도 받을 수가 없다. 결국은 혼자의 힘으로 해결해야 한다. 특히 위기에 그 즉시 판단하고 행동하는 것이 무엇보다 중요하다.

셋째, 술 마시지 않는다.

사업이 위기에 처해 있을 때에는, 24시간 맑은 정신으로 있어도 위기를 넘길 수 있을지 확신할 수 없다. 술을 마시면 정신이 흐려지고 방향을 잃기 쉽다. 방향을 잃게 되면 위기를 극복하는 일은 더욱 소원해진다. 때문에 위기에 맑은 정신을 유지하고 문제 해결에 집중해야 한다. 그리고 무엇보다 직원들이 동요되지 않도록 잘 챙겨야한다. 슬픔을 나누면 반이 된다는 말은 회사에서는 통하지 않는다. 힘든 사람은 오직 대표 한 사람이면 족하다. 회사의 위기 상황에 함께하는 직원에게 감사의 마음을 갖고, 떠나는 자를 원망하지 말아야 한다.

혹여 위기를 극복하지 못하고 사업에 실패하더라도 절대 정신을 놓을 정도로 술을 마시지 마라. 술로 인해 스스로를 재기 불가능한 상태로 만드는 것보다 어리석은 일은 없다.

나는 오직 기쁜 자리에서나 즐거울 때만 술을 마신다. 내가 세 번 연속 사업에 실패했을 때에도 내 주변 지인들 중 내게서 "술 한 잔 하자"는 얘기를 들은 사람은 아무도 없다.

위기를 넘기지 못한 대표들을 보면 대부분 위에 언급한 세 가지를 지키지 않고, 정반대로 행동한다. 나 역시 위의 세 가지 사항을 도저히 지키지 못할 것 같은 절체절명의 위기 상황을 마주한 적도 많다. 또 이런 위기에 처하면 내게 도움을 주지 않은 사람들이 원망스러워지기도 한다. 하지만 시간이 지나 생각해보니, 나는 아무 도움도 받지 못했던 극한의 상황 덕분에 더욱 강해질 수 있었다. 내 스스로의 힘으로 위기를 넘어서야 했기 때문이다. 만약 누군가의 도움을 받아 위기를 넘어섰다면, 다시 위기가 찾아왔을 때 또 다른 누군가의 도움을 바랐을 것이다. 그래서 나는 나의 어려움을 돕지 않았던 사람들에게 감사하다. 오히려 내게 모진 소리를 했던 사람들에게 더욱 감사한 마음을 갖고 있다. 그들 덕분에 나는 점점 더 강해질 수 있었다.

혹시 지금 아무도 당신을 도와주지 않는다면, 당신은 더 강해질 수 있는 기회를 얻은 것이다. 생각을 전환하여 언젠가 그들에게 감사하게 될 미래를 상상해보자. 당신은 분명 더욱 더 강해질 수 있다!

'흙수저' 대표로 살아남으려면

    많은 사람들이 부자가 되기를 소망한다. 로또 복권은 그런 사람들의 기대심리를 잘 반영하고 있다. 특히 사업을 하는 대표들이라면 누구나 로또 복권이 간절한, 그런 절박한 상황을 마주한 경험이 있을 것이다. 이럴 때 실낱같은 기대를 걸고 로또 복권을 살 수는 있다. 하지만 로또에 대한 희망의 순간은 찰나일 뿐 이내 더 큰 상실감으로 돌아온다. 기대와 좌절의 순간은 동전의 양면과 같고, 우리 일상에서도 아주 흔하게 벌어지고 있다. 특히 산업 현장에서는 그러한 일이 더 잦다. 나는 희망과 좌절을 수없이 경험하고 있는 '흙수저' 대표님들께 존경의 마음을 전하고 싶다. 결코 쉽지 않은 길을 걸어가고 계신 대표님들이 보다 멀리 가실 수 있도록 작지만 도움이 될 만한 내용을 마지막으로 소개하면서 이 책을 마칠까한다.

대표로서 성공하기 위해 갖춰야 할 덕망 세 가지

첫째, 인내하자.

내 마음같이 되지 않는 것이 사업이다. 내 마음과 같은 직원도 없다. 나는 그래도 운이 좋았다. 네 번째 사업을 시작하며 내 마음과 맞는 창립 멤버 둘을 얻었기 때문이다. 그렇다고 해서 100% 내 마음과 맞을 수는 없다고 생각한다. 나도 스스로에게 100% 만족하지 못하는데, 다른 사람에게 그걸 기대하는 건 말이 안 되는 소리이다. 그래서 대표는 인내심을 가져야 한다. 느끼는 대로 마구 표현하지 말고 참아야 한다.

"참는 자에게 복이 있다."고 했다. 이 말은 정말 맞는 말이라고 생각한다. 특히 어려운 일이 있을 때 잘 인내하고 견뎌내야 한다. 잘 견딜수록 회사는 더 단단해진다. 떠날 사람은 떠나고 남을 사람은 남으면서 더 견고해지는 것이다. 떠난 사람에게 서운해 하지 말고 남아있는 사람에게 감사하고 최선을 다해 그들을 지원하자.

둘째, 배려하자.

회사가 이익을 내기 시작하면 대표들의 마음이 돈에 쏠리는 경우가 많다. 돈으로 마음이 쏠리는 것은 자연스러운 일일까? 돈을 벌어도 절대 바뀌지 않을 거라고 다짐하는 사람들이 오히려 "돈 벌더니 변했어"라는 소리를 듣는 경우도 많다. 하지만 회사 대표의 마음이 돈에 따라

움직이면, 그 순간 회사는 위기를 맞이하게 될 수 있다.

"초심을 잃지 말라"는 말이 있다. 이 말은 사업이 잘 되는 대표들이 마음에 꼭 새겨야 할 격언이다. 내가 왜 이 사업을 시작했는지, 나를 믿고 고생해준 사람들이 누구인지 절대 잊어서는 안 된다. 만약 대표가 초심을 잃어버리고 중요하게 생각하던 것들을 잊어버리면, 회사는 분열된다. 기업이 주식 시장에 상장했으면서도 창립 멤버들끼리 서로 욕을 하며 갈라서는 이유는 바로 서로에 대한 배려가 없기 때문이다. 어떠한 순간에도 나 자신보다 함께 고생해준 사람들을 우선 배려해야 한다는 초심을 잊어서는 안 된다.

셋째, 도와주자.

나도 그랬지만 '흙수저' 대표들의 공통점은 돈도 빽도 없다는 것이다. 이 두 가지 없이 사업하기란 좀처럼 쉽지 않다. 하지만 사업을 하다 보니 돈은 불가능하지만 빽은 스스로 만들어 나갈 수 있다는 사실을 알게 되었다. 빽을 만드는 방법은 바로 '남을 먼저 도와주는 것'이다.

보통의 사람들은 먼저 도움을 받고자하는 마음이 강하다. 하지만 영향력을 가진 유명인들이 당신을 먼저 도와 줄 확률은 매우 낮다. 그들이 굳이 당신을 도울 이유는 없는 것이다.

나는 내가 경험한 온라인 마케팅과 판매기술을 이용해서 조언하고 돕는 일을 아끼지 않았다. 예를 들어, 인물검색 등록이 안 되어 있는 유명인의 경우 프로필 등록을 해주고 관리하는 법을 알려드렸다. 온라인 기사를 송출하고 싶은데 방법을 모르는 분들에게는 그 방법을 알려드렸다. 이처럼 나에게는 아무것도 아닌 것이 상대방에게는 큰 도움이 될 때가 있다.

상대방에게 도움을 주기 위해서는 우선 한 분야의 전문가가 되어야 한다. 누구나 자신이 하고 있는 일에 전문가가 될 수 있다. 전문 분야를 갖췄다면 자신의 이익을 먼저 취하려고 하지 말고 상대방을 돕고 협력하는 자세가 필요하다. 이런 자세가 당신을 도울 빽(배경)을 만들어준다는 사실을 기억해야 한다.

수천 억, 수조 원 매출을 이야기하는 시대에 이제 갓 백억 원의 매출을 넘긴 대표가 경영에 관해 논하는 것은 우습게 여겨질 수도 있는 일이다. 그럼에도 불구하고 내 경험담을 담은 책을 내겠다고 결심한 이유는 내가 '흙수저'였기 때문이다. 돈과 빽 없이 사업을 하는 것은 쉽지 않았다. 수차례 사업에 실패하기도 했다. 하지만 나는 실패의 경험을 거름삼아 성공을 이룰 수 있었다. 실패를 통해 얻은 경험을 나눈다면 누구나 나처럼 작은 성공을 이룰 수 있다는 생각이 들었다. 무엇보다 나와 같은 시행착오를 겪지 않기를 바라는 마음이 컸다. 부디 금수저를 부러워하지 않는 '흑(黑)수저'가 되시기를 바란다.

이 책을 출간할 수 있게

도움을 주신 분들께 감사하며 ....

⋮

나에게 지혜와 용기와 힘을 공급하시고 기적과 이사를 행하시는
하나님께 감사드립니다.

⋮

2년여 동안 나와 가족을 재우고 먹여 준 둘째 처형과 형님에게 감사드립니다.

⋮

거듭되는 사업 실패에도 인내하고 내조해 준 아내에게 감사드립니다.

⋮

매번 실패를 거듭하는 사위를 보며 단 한마디 싫은 내색한 적 없으신
장모님과 하늘에 계신 장인어른에게 감사드립니다.

⋮

가장 어려운 날에 만나 아낌없는 조언과 격려와 변함없이 중보기도를 해 주시는
김선임 목사님께 감사드립니다.

⋮

나를 이 땅에 나게 하시고 어려운 환경 속에서도 교육시켜주신
아버지와 어머니께 감사드립니다.

⋮

당시에는 모진 말과 채찍으로 상처를 주었지만,
강하고 담대한 나를 만드는 데 도움을 주신 분들에게 감사드립니다.

⋮

그 밖에도 우리 기업과 거래해 주시고 협력해 주시는
거래처와 협력사 대표님 및 임직원 여러분에게 감사드립니다.

⋮

나와 함께 어려운 역경을 이겨내 준 창립 멤버들과
사랑하는 임직원분들에게 감사드립니다.

⋮

이 책이 탄생할 수 있도록 출판관계자를 소개해 준 '즐거운 컴퍼니'
개그맨 이광채 대표님(웃찾사 '개미핥기') 감사드립니다.

⋮

저에게 책쓰기 방법을 알려주시고 함께 출판기획에 참여해 주신
'엔터스코리아' 양원근 대표님과 박보영 팀장님께 감사드립니다.

⋮

성심성의껏 프로필 사진을 찍어주신
'타미스튜디오'의 대표 박건하 포토그래퍼님께도 감사드립니다.

결국 성공하는 사람들의 경영학
어떻게 부자가 될 것인가

초판 1쇄 인쇄 2018년 5월 20일
초판 1쇄 발행 2018년 6월 1일

지은이   우성민
발행인   김승호
펴낸곳   스노우폭스북스
편집인   서진

기획   출판기획전문 (주)엔터스코리아
편집진행   이현진
SNS   박솔지
마케팅   김정현, 이의찬

디자인   강희연
제작   김경호

주소   경기도 파주시 문발로 165, 3F
대표번호   031-927-9965
팩스   070-7589-0721
전자우편   edit@sfbooks.co.kr
출판신고   2015년 8월 7일 제406-2015-000159

ISBN 979-11-88331-34-5 03320
값 14,800원